코인경제, 웹3, &
내가 준비해야 할 일들

안동수, 임송아, 정은숙, 김재덕 공저

대양미디어

저자 서문

　이 책은 블록체인과 디지털 화폐, 그리고 웹3 시대를 살아가기 위해 우리 모두가 반드시 알아야 할 금융혁신의 흐름과 미래전략을 담았다. 필자는 블록체인과 코인, 그리고 인공지능 등 첨단 기술과 그 산업을 연구해온 학자로서, 그동안 현장에서 느낀 변화의 본질과 실제 사례들을 독자에게 알기 쉽게 전달하고자 한다.

　먼저 용어 정리부터 제안하고자 한다. 이 책에서는 중앙은행에서 통제 관리하는 화폐를 통칭하여 디지털 화폐(Digital currency) 또는 CBDC로 하고, 지금까지 가상화폐(Virtual currency)나 암호화폐(Crypto currency)로 부르던 코인화폐를 블록체인 화폐(Blockchain currency)로 칭하기로 한다. 왜냐하면 비트코인이 출현한 이후 지금까지 종이돈 화폐 진영에서는 돈같지 않아 가치가 없을 것이라는 이미지를 두고 가상화폐 또는 암호화폐라고 한정해 놓고 발전을 저지해 왔다. 이런 부정적 개념이기 때문에 여기서는 블록체인 화폐라 칭하여 새로운 발전의 출발로 삼고자 한다. 이제는 블록체인 화폐라 부르면서 사랑하며 키워야 할 시기가 되었기 때문이다.

　1장에서는 블록체인과 비트코인이 왜 신뢰 사회의 도구가 되었는지, 그리고 자본주의의 근본 문제인 인플레이션과 경제 불평등의 구조적 원인을 짚는다. 비트코인과 알트코인, 스마트 콘트랙트 등 블록체인 기술이 어떻게 기존 금융 질서를 바꾸고 있는지, 그리고 블록체인 기반 조직 혁신과 CBDC, 스테이블 코인, Web3, DAO 등 최신 트렌드까지 구체적으로 다룬다. 디지털 화폐 전쟁의 향방을 통해 글로벌 질서 변화의 큰 흐름도 함께 조망한다.

2장에서는 트럼프 행정부의 글로벌 경제 개혁과 달러 패권, 미·중 패권 경쟁, 그리고 미국의 블록체인 화폐 전략을 분석한다. 스테이블 코인과 ISO 20022, 디지털 금융 시스템 등 미국이 주도하는 새로운 질서의 핵심 동인과, 2030년까지 이어질 글로벌 경제의 패권 구도를 전망한다.

3장에서는 한국이 블록체인 금융 전쟁에서 어떻게 살아남고, 성장할 수 있을지 전략과 대안을 제시한다. 투자자 격려와 소비자 보호의 균형, 글로벌 소프트파워 전략, 그리고 투자자가 실질적으로 참고해야 할 투자 전략과 유의점을 구체적으로 제시한다.

4장에서는 최신 트렌드에 맞춘 성공적인 비즈니스 모델을 소개한다. 대중 참여형 DAO 경제 사례로 파이코인 생태계와 ChatGPT의 DNA 토큰, 혁신적 소비파워 혁신모델인 KN541, 그리고 인공지능과 블록체인 금융이 결합된 Aifeex의 성장 전략과 수익 창출 원리, 그리고 미래 발전 계획까지 실제 사례 중심으로 설명한다.

이 책은 블록체인 화폐와 웹3, 인공지능 등 미래 금융의 핵심 기술과 트렌드를 이해하고, 변화에 능동적으로 대응하고자 하는 모든 독자에게 실질적인 통찰과 새로운 기회를 제공할 것이다. 대표저자는 이 책을 통해 블록체인 금융 전쟁의 본질과 미래를 함께 고민하고, 독자가 스스로 준비할 수 있는 실천적 지침을 제시하고자 한다.

끝으로 이 책의 많은 부분을 퍼플렉시티(perplexity)와 코파일럿(copilot) 그리고 뤼튼(wrtn) 등 몇개의 인공지능의 도움을 받아 그림을 그리고 글을 작성했음을 밝혀 둔다. 아울러 이들이 분석한 근거자료의 출처를 일일이 적는 것도 책을 쓰고 읽는데 도움보다 방해가 된다고 판단하여 생략하였기 독자의 이해를 구한다.

끝으로 금융전쟁의 최전선에 서 있는 독자 여러분의 건승을 기원드린다.

2025년 5월 20일
대표 저자 안동수

차례

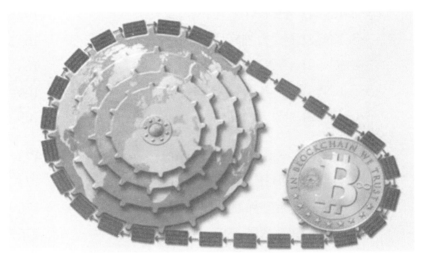

Trust Machine : 인류사회 신경영 시스템 Block Chain

1장. 블록체인과 비트코인은 신뢰 사회의 도구

1. 자본주의의 근본 문제, 인플레이션

1-1. 자본주의가 망가지는 근본문제는 인플레이션

■ 달러 가치 변화 추이

달러 구매력 기준, 달러 구매력 하락 폭은 1900년 100$이었던 것이 2020년 3~5$이 되어 123년간 95%가 증발하였다. 한국의 인플레이션 현황은 1960년대 10조원이 2021년대에는 50조원으로 불었다. 물가는 50년간 약 100% 상승한 것이다.(참고자료 : EBS다큐멘터리, 갚아도 갚아도 없어지지 않는 빚의 비밀, 금융의 덫)

이러한 결과는 중개자(intermediator)로 역할하고 있는 국가나 중앙은행의 독선적인 인플레이션 운영에 있다. 즉 국가가 발행기준을 편의에 따라 종이화폐를 찍어내기 때문이다. 인플레이션은 누구도 정지시킬 수 없는 자본주의의 기본 속성이기 때문에 자산의 관리원칙에 항상 고려해야 하지만, 일반인들은 별로 관심을 갖지 못한다.

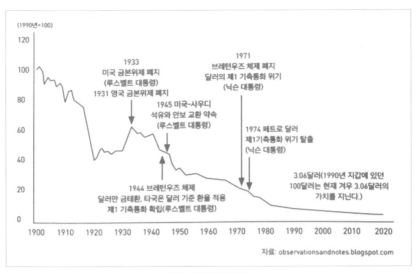

· 달러 구매력 하락 폭

그럼 어떤 자산이 내 재산을 털리지 않게 하는 재산인지 마이클 쉐일러가 유튜브 강의에서 한 이야기를 중심으로 살펴보자. (자료 https://www.youtube.com/watch?v=lhKCWBIenW0)

종이돈인 법정화폐는 말도 안 되는 수준으로 그 가치를 떨어뜨려왔고 그 과정에서 수 많은 사람들이 화폐 가치의 하락을 방어하기 위해 다양한 자산을 투자해 왔지만, 실제 인플레이션율을 방어할 수 있는 자산은 거의 없었다.

■ 인플레이션에 대한 대안

이에 대한 대안으로 다음 기사를 소개한다. 잭 도시가 주장한 초인플레이션에 대해 블록미디어는 다음과 같이 전하고 있다.(블록미디어 최창환 선임기자. 2021년 10월 24일 보도)

• 현실로 다가온 초인플레이션(Hyperinflation)이란 물가상승이 통제를 벗어난 상태에서 최고 수백퍼센트의 인플레이션율을 기록하는 상황을 말한다.

• 전쟁이나 경제불안 등으로 재화와 서비스 가격이 급등해도 정부가 이를 통제하지 못하고 전쟁 재원 조달 등을 위해 화폐를 계속 찍어낼 때 인플레이션은 발생하게 되는데, 전세계가 마찬가지다.

저절로 털리는 내 지갑 이미지
퍼플렉시티 AI의 그림 그리기 활용

• 물가가 상승하면 정부는 금리인상이 불가피하고 자산가격이 하락하는 쇼크가 발생할 가능성이 높아진다.

• 비트코인 지지자들은 물가상승에 따른 화폐가치 하락과 금리인상에 따른 자산가치 하락을 피하기 위해 비트코인을 매입할 것을

권하고 있다.

- 마이크로 스트레티지 CEO 마이클 세일러는 잭도시의 트윗에 "인플레이션은 문제다. 비트코인은 해답이다"고 답변했다.

- 잭도시의 하이퍼 인플레이션 트윗은 큰 반향을 일으켜 CNBC 등 미국 주요언론들이 기사로 다뤘다.

■ 6가지 주요 자산별 연간 자산 이득 창출 성과

아래 그림은 2020년 8월 10일 이후 4년간 6가지 자산별 연간 자산 이득 창출 성과(Annualized Asset Performance)를 나타낸다. 차트를 보면 비트코인은 60%, 미국 최고기업 Magnificent 7은 29%, S&P500 주식은 15%, 부동산은 10%, 금은 6% 그리고 채권은 -5%의 성과를 내고 있다. (자료는 https://www.youtube.com/watch?v=lhKCWBIenW0)

이는 인플레이션의 대안자산은 블록체인 화폐인 비트코인이라는 사실을 증명해 주고 있다.

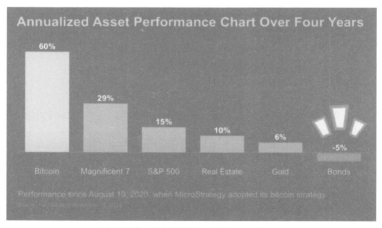

6가지 주요 자산별 연간 자산 이득 창출 성과

1-2. 21세기 경제 불평등의 구조적 원인

현대 자본주의는 기술혁신과 글로벌화에 힘입어 경제성장을 이뤘으나, 동시에 심각한 경제적 불평등을 초래했다. 자본소득과 노동소득의 격차, 금융자산의 집중, 글로벌 가치사슬의 양극화 등은 소득과 부의 불평등을 심화시켰다. 이러한 불평등은 사회적 갈등과 정치적 불안정, 경제성장의 지속가능성에 대한 위협으로 작용하고 있다.

특히, 기존 금융시스템은 자본에 접근할 수 있는 소수에게만 기회를 제공하고, 신용이 낮거나 금융 인프라가 부족한 계층은 배제되는 구조적 한계를 지닌다. 이에 대한 해법으로 블록체인과 디지털 자산, 분산금융(DeFi) 등은 금융포용성과 기회의 평등을 제고하는 혁신적 도구로 주목받고 있다.

■ 브레튼우즈 체제의 유산

1944년, 제2차 세계대전이 끝나갈 무렵 미국 뉴햄프셔주 브레튼우즈(Bretton Woods)에서는 44개국 대표들이 모여 전후 국제금융질서의 재편을 논의했다. 이 회의에서 미국은 세계 최대 금 보유국이자 새로운 패권국으로서의 위상을 바탕으로, 달러(USD)를 기축통화(Reserve Currency)로 삼고 금본위제(Gold Standard)를 결합한 새로운 국제통화체제 구축을 주도했다. 각국 통화는 달러에 고정되고, 달러는 금 1온스당 35달러로 고정하는 구조였다. 이와 함께 국제통화기금(IMF)과 국제부흥개발은행(IBRD) 등 국제기구도 설립했다.

브레튼우즈 체제는 2차 대전 후 세계경제의 빠른 회복과 무역 신장에 크게 기여했다. 하지만 이 체제는 태생적으로 구조적 결함을 안고 있었다. 바로 트리핀 딜레마(Triffin Dilemma)다. 트리핀 딜레마란, 기축통화국이 국제 유동성(International Liquidity) 공급을 위해 경상수지 적자(Current Account Deficit)를 감수해야 하지만, 적자가 지속되면 달러에 대한 신뢰가 약화되고, 반대로 적자를 피하면 세계경제에 필요한 달러 공급이 부족해진다는 모순을 의미한다. 즉, 달러가 세계에 널리 퍼지면 미국의 무역적자가 심화되고 달러가치가 하락해 신뢰도가 떨어지며, 달러 공급을 줄이면 기축통화의 역할을 할 수 없게 되는 딜레마에 빠지는 것이다.

　이러한 구조적 한계는 1960년대 후반부터 미국의 만성적 무역적자와 베트남 전쟁 등으로 인해 더욱 두드러졌다. 각국은 달러에 대한 신뢰가 흔들리자 달러를 금으로 교환해줄 것을 요구했고, 미국은 금 보유량을 넘어서는 달러를 감당할 수 없게 됐다. 결국 1971년, 미국 닉슨 대통령은 금태환 중지(닉슨 쇼크, Nixon Shock)를 선언하며 브레튼우즈 체제는 공식적으로 막을 내렸다. 이후 달러는 금과의 연동 없이 미국의 신용에 기반한 법정통화(Fiat Money)로서 기축통화의 지위를 이어가게 됐다.

　그러니까 1971년 이후 54년간 미국의 '배째라!'식의 금본위 포기 정책은 달러 가치의 하락과 기축통화 체계 유지 불가의 위기를 맞게 된 원인이 되었다고 필자는 생각한다.

　브레튼우즈 체제의 붕괴는 달러 중심의 국제통화질서가 미국의 경제·정치·군사적 패권에 더욱 의존하는 구조로 전환됐음을 의미한다. 그러나 트리핀 딜레마에서 드러난 구조적 모순은 여전히 달러 패권의 근본적 한계로 남아 있다. 이러한 모순이 결국 2025년도에 미국 트럼프 대통령에게 '폭탄돌리기' 과제를 받게 된 것이라는 게 필자의 생각이다.

1-3. 21세기 경제 불평등 현황과 그 대가

■ 〈21세기 자본〉 이야기

프랑스 경제학자 토마피케티의 「21세기 자본」은 10년 동안 가장 중요한 경제학 저서로 베스트 셀러로 〈뉴욕 타임스〉가 북 리뷰에서 '피케티혁명'이라 할 만큼 좋은 평가를 받았다. '자본주의 사회에서 서민들의 살림은 다시 회복할 날이 올까?, 회복되지 못한다면 그 대안은 무엇일까?'를 연구한 학자이다. 그는 향후 각 국가가 부자세금 등 특별한 조치를 하지 않는 한 회복되기 어렵다고 평가했다.

■ 자본수익률과 경제성장률

21세기 글로벌 경제 불평등의 핵심 메커니즘은 자본수익률(리턴 온 캐피털, Return on Capital, r)이 경제성장률(이코노믹 그로스 레이트, Economic Growth Rate, g)을 지속적으로 상회하는 현상에 기인한다. 쉽게 말하면 '돈 놓고 돈 먹기가 이긴다'는 것이다.

프랑스 경제학자 토마 피케티(Thomas Piketty)는 〈21세기 자본〉에서 300년간의 역사적 데이터를 분석해 r 〉 g 공식을 통해 자본주의의 구조적 불평등을 설명했다. 2024년 기준 글로벌 상위 1%의 자산 점유율은 45%를 넘어섰고, 미국의 경우 상위 0.00001%(19개 가구)가 전체 가계 자산의 1.8%를 점유하는 등 부의 집중이 가속화되고 있다.

피케티에 따르면, 자본수익률이 임금 상승률을 압도하는 구조에서는 자본가의 부가 기하급수적으로 증가하는 반면, 노동소득자들은 상대적으로 빈곤해진다. 이는 1980년대 이후 금융자유화와 감세 정책이 결합되면서 더욱 심화되었다.

아래표는 미국 국민소득에서 상위 10%가 차지하는 몫이 1940년 에서 1980년 경까지는 35% 수준인데, 2000년대와 2010년대에는 50%로 상승한 것을 보여주고 있다. 저자는 앞으로 세월이 더 지나면 60~70%까지 상승할 가능성이 있다고 예측했다.

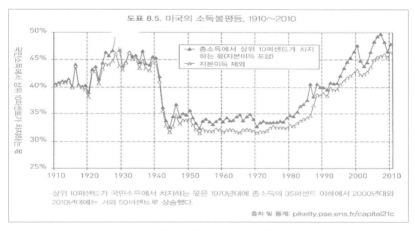

미국 국민소득에서 상위 10%가 차지하는 몫의 변화

■ 조지프 스티글리츠의 불평등 분석

노벨경제학상 수상자 조지프 스티글리츠(Joseph Stiglitz)는 〈불평등의 대가〉에서 지대 추구(렌트 시킹, Rent-seeking) 행위가 세제 불공평을 주요 원인으로 지적했다. 워런 버핏(Warren Buffett)과 같은 초부자들은 자본 소득에 20%의 세율만 적용받는 반면, 노동소득자들은 최대 37%의 세금을 부담하는 미국의 현행 세제가 대표적 사례다.

이러한 불평등은 단순한 경제적 격차를 넘어 사회적 분열과 정치 적 불안정으로 이어진다. 2025년 현재, 미국 상위 10% 가구가 전체 자산의 67%를 장악한 반면 하위 50%는 3%에 불과한 상황에서, 소 득 재분배 메커니즘의 개혁 없이는 민주주의 체제 자체가 위협받을 수 있다는 경고가 제기되고 있다.

■ 게임의 룰이 바뀌고 있다

미국을 중심으로 이제는 더 이상 '코인이 제도권에 들어오는 게 아니라, 제도권이 코인 시장에 들어오는 것'이 급속도로 진행되고 있다. 이제는 독자들께서 더 이상 눈치만 보며 블록체인 화폐 경제권에 들어오기를 머뭇거린다면 뒤처질 수밖에 없다는 것을 실감해야 한다.

경제전쟁에서 한번 불리한 편에 서면 절대 그 문제를 해결할 수 없다. 열심히 일한다고 이 문제가 해결되지 않는 이유이다. 그래서 이 돈이 도는 변화의 흐름을 읽고, 이 새로운 세계로 진군해야 할 때이다. 몇가지 실제적인 예를 들어 보다.

■ 디지털 식민지 전쟁

2025년 들어 금융 시스템이 혁명적으로 변화하고 있는 것은 은행의 업무가 블록제인으로 대체되므로 일반은행의 역할이 급속히 축소되고 있기 때문이다. 인원도 줄이고 점포 수도 줄어들 수밖에 없다. 나아가 중앙은행도 그 기능이 변하고 있는 것은 마찬가지다.

21세기 들어 미국 달러의 기축통화 체제에 도전하는 움직임이 본격화되고 있다. 그 중심에는 중국의 디지털 위안화화(Digital Yuan)와 일대일로(一帶一路, Belt and Road Initiative) 전략이 있다. 중국은 기존의 국제결제망인 SWIFT(스위프트)와 달러 중심의 금융질서에서 벗어나기 위해, 자체적인 위안화 기반 국제결제망(CIPS)과 디지털 위안화 결제 시스템을 구축하고 있다.

중국 정부는 디지털 위안화의 대규모 공개 테스트를 선전(深圳), 쑤저우(蘇州), 청두(成都) 등 주요 도시에서 진행했다. 이 과정에서 수만 건의 디지털 위안화 결제가 실제로 이뤄졌고, 일부 공무원 급여를 디지털 위안화로 지급하는 등 실생활 적용이 확대됐다. 디지털 위안화는 국가가 가치를 보장하는 법정 디지털 화폐(Central Bank Digital Currency, CBDC)로, 기존 민간 가상자산과는 차별화된다. 중국은 디지털 위안화를 통해 소액 현금 거래를 대체하는 데서 나아가, 중장기적으로는 국제무역과 결제 업무에서 위안화의 국제화를 적극 추진하고 있다.

특히 일대일로 참여국을 중심으로 중국의 디지털 결제망이 빠르게 확장되고 있다. 파키스탄, 나이지리아 등 일부 국가에서는 디지털 위안화 기반 결제의 시장 점유율이 23%에 달하는 등, 달러 중심의 국제결제 질서에 실질적인 도전이 이뤄지고 있다. 중국은 베이더우(北斗, Beidou) 위성항법 시스템 등 첨단 기술을 결합해, 국가 간 송금 시간을 획기적으로 단축하고, 각국이 미국의 금융 제재나 감시에 노출되지 않는 독자적 결제 인프라를 제공하고 있다.

이러한 변화는 디지털 식민지(Digital Colony) 전쟁으로도 불린다. 미국이 달러 패권을 바탕으로 글로벌 금융질서와 무역을 통제해 온 반면, 중국은 디지털 화폐와 결제 인프라를 통해 새로운 경제블록을 형성하며 영향력을 확대하고 있다. 앞으로 디지털 위안화와 같은 중앙은행 CBDC가 국제결제의 주요 수단으로 자리 잡을 경우, 달러의 기축통화 지위는 점차 약화될 가능성이 높다.

이처럼 브레튼우즈 체제의 유산과 트리핀 딜레마라는 구조적 한계, 그리고 중국의 디지털 위안화 결제망 확장 등은 글로벌 기축통화로서 달러의 미래가 결코 영원하지 않음을 보여주고 있다. 21세기 디지털 경제 질서에서 새로운 패권 경쟁이 본격화되고 있다.

1-4. 블록체인의 원리와 철학

■ 블록체인의 기본 개요

3인 분산원장 인증

위 그림에서 A, B, C 세 사람이 책을 빌려간 것을 기록한 거래장부를 복사해 갖고 있는데, 만약 A가 "나는 빌려 간 적 없다."고 거짓말을 한다하더라도 B와 C가 "장부에 빌려간적 있네"라고 사실을 증명할 수 있는 시스템이 블록체인의 기본인 분산원장 시스템이다. 한 사람이 조작하더라도 나머지 사람들이 검증해 줄 수 있다.

만인 분산원장 인증

　그러나 B와 C를 거짓에 넘어가도록 회유한다면 결과를 거짓말이 이길 수 있게 된다. 그래서 블록체인은 다수의 예를 들면 1,000명이 같은 장부를 가지고 있다면 조작이 불가능해진다.

블록체인은
분산원장 정보 묶기

　그리고 이 거래장부 정보들을 모아 묶어서 블록으로 포장하고 이 IT블록들이 체인처럼 연결하면 하나의 큰 정보덩어리가 뭉친 시스템이 되는데 그것을 블록체인이라 한다.

그러므로 블록체인의 기본 철학은 만인을 위해 만인이 진실을 유지해 가는데 있다고 할 수 있다. 따라서 블록체인 관련 일을 하는 사람들은 기본적으로 거짓을 배격한다는 철학을 가져야 한다.

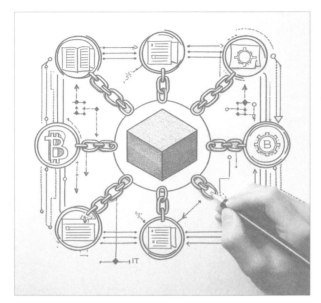

복합적 블록체인 기념

■ BlockChain의 특징

• 탈중앙성(Decentralized): 중간자가 없이 개인간(P2P, Peer 2 peer) 거래가 가능하다.

• 안정성(Immutability): 분산저장에 따른 손실방지 및 저장된 데이터의 무결점을 보장한다.

• 투명성(Transparency): 거래의 투명성을 보장하고 신뢰성을 제공한다.

- 토큰기반 확장성(Extensibility by Tokenization) : 응용분야, 산업분야, 지역을 넘나드는 확장에 용이하다. 국가 내에서 국제간으로 확장성이 기본이다.

■ 사토시 나카모토의 블록체인 논문

비트코인 창시자인 사토시나카모토(Satoshi Nakamoto)는 2008년은 리먼브라더스 파산으로 금융위기가 발발했을 때 다음과 같은 내용의 논문을 발표하였다. 이 논문이 발표된 해에는 미국 투자은행 리만 브라더스 파산과 함께 글로벌 금융위기가 찾아왔다. 은행도 파산하면서 금융 시스템에 대한 신뢰가 무너지기 시작했다. 이에 더해 금융 거래를 전 세계적으로 저렴하고 편리하게 하겠다는 의도가 논문에 잘 나타나 있다.

사토시나카모토는 "중앙은행은 법정통화 가치에 논쟁의 여지가 없도록 신뢰를 받아야 하지만, 화폐의 역사는 그런 신뢰를 완전히 저버린 사례로 가득하다. 은행은 우리의 돈을 안전하게 보관해야 하지만 그들은 무분별한 대출로 신용버블을 유발했다."고 말했다.

이에 더해 금융 거래를 전 세계적으로 저렴하고 편리하게 하겠다는 의도가 논문에 잘 나타나 있다. 인류사의 하나의 거대한 변화를 가져온 사토시 나카모토가 비트코인을 출시한 것이다. 여기서 이 논문의 결론만 살펴보자.

■ 사토시 나카모토 논문의 결론

- 우리는 전통적인 신뢰를 불신하기 때문에 새 전자 상거래 시스템

을 제안한다.

- 디지털 서명(작업증명)으로 만들어진 코인 시스템은 강력한 통제력을 제공한다.

- 디지털 파일은 복사 등으로 불완전하기에 거래의 공개기록을 하기 위해 작업증명을 사용하는 P2P 네트워크를 제안한다.

- 제대로 된 노드라면 공격자가 변경하는 것이 계산적으로 비실용적이다.

- 이 합의 메커니즘을 통해 필요한 모든 규칙과 인센티브를 제공할 수 있다.

- 완벽한 전자화폐 시스템은 온라인을 통해 일대일로 직접 전달할 수 있다. 이 과정에서 금융기관은 필요치 않다.

- 인터넷 상거래는 일반적으로 제3자인 은행이 보증하는데, 이런 시스템에서는 신용에 기반한 근본적 결함이 있을 수밖에 없다. 또 은행 등 금융기관은 해킹과 위변조의 문제가 있다.

2. 블록체인 1세대 화폐 비트코인

2-1. 반 인플레이션 블록체인 화폐 비트코인

■ 공급량 한계의 수학적 보장

비트코인은 2,100만 개의 발행 한계를 통해 인플레이션을 구조적으로 차단한다. 2024년 현재 1,940만 개(92.4%)가 유통 중이며, 2140년까지 4년마다 블록 보상이 50% 감소하는 반감기(Halving) 메커니즘으로 공급을 통제한다. 2025년 반감기 후에는 전체 2100만 개 중 5% 정도만 남아있다.

■ 신뢰 생성 알고리즘

작업증명(PoW, Proof of Work) 합의 메커니즘은 1초당 600경(Exa) 해시 연산을 수행하며, 51% 공격 비용을 2025년 기준 750억 달러 이상으로 상승시켰다. 이러한 계산적 노력(Computational Effort)이 블록체인의 불변성(Immutability)을 보장함으로써 화폐 신뢰도(T)를 인위적으로 생성한다.

2-2. 세계 금융가치의 기준 BTC

비트코인은 인플레이션 대응 화폐로 경영진이 없이 운영되는 탈중앙화의 원조 코인이다. 비트코인이 갖고 태어난 사명과 비전이 인플레이션 없이 가치를 신뢰받는 화폐의 시작인 것이다.

탈중앙화 기능이란 사회 금융 시스템을 탈피하여 개인과 개인의 노드망 위에 구성된 시스템이다. 비트코인의 희소성으로 '디지털 금' 또는 '디지털 가치 저장수단'으로 활용되고 있다. 이제 비트코인은 글로벌 차원의 블록체인 기반으로 운영되고 있기 때문에 세계 블록체인 화폐의 기반이 되었다. 각국이 상호 인정하는 세계 금융가치의 기준이 된 것이다. 국가와 이념, 그리고 금의 가치를 뛰어넘어 세계가 인정하는 객관적 부의 가치기준이 되었다. 즉 인류 사회의 신경영 시스템인 블록체인의 철도 같은 기반시설의 역할을 하고 있는 것이다.

그러나 오늘날의 문제는 모든 비트코인의 87%는 현재 네트워크의 1%가 소유하고 있고, 돈과 권력 집중이 되면 세계인이 나눠 쓸 수 없고 오히려 더 양극화가 심화된다는 것이다. 디지털 금으로 비유되는 귀한 것이 되었기에 많은 비트코인 보유자들이 일상적으로 비트코인을 사용하는 것을 꺼려한다. Main net에 Dapp을 쓰기도 어렵다.

3. 2세대 알트 코인

3-1. 알트코인의 시장 상황

비트코인 후에 나온 코인들을 대체 암호화폐(alternative crypto currency) 즉 알트코인이라 한다. 모든 코인은 등록 시에 정도의 차이는 있지만, 개발 알고리즘 소스가 공개된다. 공개된 소스를 이용하여 전문가라면 쉽게 새로운 코인을 만들 수 있다. 이러한 환경에서 가지각색의 다양한 종류의 코인들이 앞을 다투어 출시되고 있다. 비트코인 다음으로 잘 알려져 시장 점유율이 높은 알트코인은 이더리움이며, 그 뒤에 다양한 블록체인 화폐들이 각축전을 벌이고 있다.

3-2. 2세대 코인의 스마트 콘트렉트

ETH 중심의 스마트 콘트렉트(smart contract)에는 각기 다른 사람이나 기업 등이 어떤 재화를 교환하기 위해서 서로 간의 신뢰를 확인할 수 있는 절차를 반드시 포함하여야 한다. 블록체인 기술을 기반으로 스마트 계약을 하면 그 계약의 절차가 미리 작성되어 블록체인상에 배포된 '코드'를 통해 자동으로 실행되며 분산처리 되기 때문에 서로 간의 신뢰에 대한 확인이 따로 필요치 않게 되는 것이다.

실제로는 블록체인의 작업 증명이 이를 대신한다. 따라서 블록체인 기술을 이용한 계약이 사람이 중심이 되는 기존의 전통적인 계약보다 매우 안전하다. 블록체인 2.0은 블록체인 산업의 차세대 주자로서 블록체인 기술을 통해 부동산 계약 등에 대한 생성과 거래가 가능하게 되었다. 현재 블록체인 2.0 프로토콜 기반의 프로젝트들은 다음과 같은 것들이 있다.

분 류	활용 어플리케이션
일반	에스크로 거래, 채권 계약, 3자 또는 다수 간 합의
금융 거래	주식, 사적 자본, 크라우드펀딩, 채권, 상호기금(투자), 파생상품, 연금
공공 기록	토지/부동산 소유권, 자동차 등록, 사업허가증, 혼인 또는 사망 기록
신분 증명	운전면허증, 신분증, 여권, 유권자 등록
민간 기록	차용증서, 대출, 계약 내기, 서명, 유언장, 신탁
증명 및 입증	보험 가입 증명, 소유권 증명, 공증 서류
유형 자산	집, 호텔방, 렌트카
무형 자산	특허, 상표, 저작권, 거주권, 도메인 이름

다양한 블록체인 2.0의 활용 분야
(자료: 알기 쉬운 비트코인 가상화폐, 안동수, 2018.1.25.,249p)

4. 3세대 코인의 스마트 콘트렉트

블록체인과 Web3, DAO 개념을 중심으로 인공지능 기반 금융거래에서 스마트 계약의 개념, 종류, 방법, 장점, 주의점, 그리고 인공지능 선택 방법에 대해 정리한다.

4-1. 스마트 계약의 개념과 작동 방식

스마트 계약은 블록체인 상에서 사전에 설정된 조건이 충족되면 자동으로 실행되는 디지털 계약이다. 이 계약은 중개자 없이 신뢰할 수 있는 거래를 가능하게 하며, 코드로 작성되어 블록체인에 배포된다. 한 번 배포된 스마트 계약은 변경이 불가능하고, 누구나 그 내용을 검증할 수 있다. 계약 실행은 자동화되어 있고, 투명성, 보안성, 변조 불가능성이 특징이다.

■ Web3와 DAO의 역할

Web3는 블록체인 기반의 탈중앙화 인터넷을 의미하며, 사용자가 데이터와 서비스를 직접 소유, 통제할 수 있다. Web3 내에서는 분산 애플리케이션(dApp), 스마트 계약, DAO(분산 자율 조직) 등이 핵심 구성 요소다. DAO는 중앙 관리자가 없는 자율 조직으로, 스마트 계약에 의해 운영된다. 주요 의사결정은 토큰 보유자 투표로 이뤄지며, 프로토콜 DAO, Grant DAO, Social DAO 등 다양한 유형이 존재한다. DAO는 투명성과 참여를 높이지만, 느린 의사결정과 책임 소재 불분명 같은 한계도 있다.

■ 인공지능 기반 스마트 계약의 개념과 종류

AI 기반 스마트 계약은 블록체인의 신뢰성과 AI의 의사결정 능력을 결합한 것으로, 단순한 조건문을 넘어 복잡하고 동적인 상황에도 적응할 수 있다. 주요 유형은 다음과 같다.

- 머신러닝 기반 계약 : 데이터 패턴을 학습해 예측 및 결정을 내린다.

- 자연어 처리 기반 계약 : 인간 언어를 이해해 법적 계약을 자동화한다.

- 강화학습 기반 계약 : 실행 결과를 바탕으로 스스로 개선된다.

■ AI 스마트 계약 개발 방법

AI 스마트 계약은 이더리움, 카르다노 등 다양한 블록체인 플랫폼에서 개발할 수 있다. 개발 도구로는 Hardhat, Remix, Truffle 등이 있다. AI는 온체인에 직접 구현하거나, 오프체인에서 AI 모델을 운영한 뒤 오라클을 통해 결과를 스마트 계약에 전달하는 방식이 일반적이다. 복잡한 AI 모델은 오프체인에서 처리하고, 결과만 온체인에 반영하는 하이브리드 방식이 현실적이다.

■ AI 기반 스마트 계약의 장점

AI 스마트 계약은 데이터 기반 동적 의사결정이 가능해 복잡한 조건도 처리할 수 있다. 자동화와 효율성이 높고, 사기 탐지나 보안 취약점 분석 등에도 AI를 활용할 수 있다.

■ 개발 시 주의할 점

AI와 스마트 계약 모두 보안 취약점에 노출될 수 있으므로 충분한 테스트와 보안 점검이 필요하다. 한 번 배포된 계약은 수정이 어렵고, AI의 의사결정에 대한 법적 책임 소재가 불분명할 수 있다. 알고리즘 편향이나 블랙박스 문제로 인해 사용자 신뢰가 저하될 위험도 있다.

■ 적절한 인공지능 선택 방법

계약의 복잡성, 데이터 분석 필요성, 실시간 의사결정 요구 등을 고려해 AI 기술을 선택한다. 지도학습은 예측이 필요한 금융 상품에, 비지도학습은 이상 탐지에, 자연어 처리는 계약서 자동화에, 강화학습은 트레이딩이나 자산 관리에 적합하다. 실제 상황 테스트, 보안성, 규정 준수, 유연성 등을 기준으로 AI 모델을 평가한다.

블록체인과 인공지능의 결합은 금융 거래의 효율성과 투명성을 크게 높일 수 있다. 하지만 기술적, 법적, 윤리적 도전과제를 충분히 인식하고, 신중하게 설계와 도입을 진행해야 한다. 적절한 AI 기술을 선택하고, 스마트 계약의 특성을 충분히 이해해 적용하는 것이 중요하다.

4-2. 인공지능과 스마트 계약의 활용 사례

인공지능과 스마트 계약의 결합은 금융, 부동산, 물류, 헬스케어, 에너지, 크라우드펀딩 등 다양한 분야에서 자동화와 효율성, 투명성, 신뢰성을 높이고 있다. 다만 AI 모델의 편향성, 법적 책임 소재, 운영 비용 등은 여전히 주의해야 할 점이다.

■ 보험 산업 : 자동 보험금 지급 시스템

AI가 사고 데이터나 블랙박스 영상, 기상 정보 등을 분석해서 사고 여부와 보험금 지급 조건 충족 여부를 판단한다. 이 결과를 기반으로 스마트 계약이 자동으로 보험금을 지급한다. 이 방식은 처리 시간을 단축하고, 허위 청구를 줄이는 효과가 있다.

■ 부동산 거래 : 실시간 시세 반영 자동 매매

AI가 부동산 시장 데이터, 위치, 주변 환경, 거래 이력 등을 분석해 실시간 시세를 산출한다. 이 정보를 바탕으로 스마트 계약이 자동으로 매매를 체결하고 등기 절차까지 자동화한다. 이로 인해 중개 수수료가 줄고, 투명한 가격 형성이 가능해진다.

■ 공급망 관리 : 물류 지연 예측 및 자동 보상

AI가 기상 정보나 교통 상황 데이터를 분석해 물류 지연 가능성을 예측한다. 만약 배송이 지연되면 스마트 계약이 자동으로 위약금을 지급하거나 대체 운송 경로를 제안한다. 이 방식은 계약 이행의 공정성을 높이고 분쟁을 줄인다.

■ 헬스케어 : 맞춤형 치료 및 결제 자동화

AI가 환자의 건강 데이터와 생활 패턴을 분석해 최적의 치료 방안을 제시한다. 치료가 효과적으로 이뤄지면 스마트 계약이 보험사와 병원 간 치료비 결제나 정산을 자동으로 처리한다. 이로써 치료가 개인화되고 의료 비용이 절감된다.

■ 에너지 거래 : 수요 예측 기반 자동 전력 거래

AI가 기상 예보와 과거 소비 데이터를 분석해 전력 수요를 예측한다. 스마트 계약은 생산자와 소비자 간 전력 거래를 실시간으로 조율하고, 초과 생산분을 자동으로 판매한다. 이를 통해 재생에너지 활용률이 높아지고 거래 비용이 줄어든다.

■ 크라우드펀딩 : 프로젝트 성과 기반 자동 분배

AI가 펀딩 프로젝트의 진행 상황이나 매출 달성률을 평가해 성공 가능성을 예측한다. 목표가 달성되면 스마트 계약이 투자자에게 수익을 자동으로 분배한다. 이 방식은 자금 운용의 투명성과 신뢰성을 높인다.

5. 블록체인 경영과 조직 혁신

5-1. 블록체인문화 조직은 이렇게 혁신된다

20세기 후반 이후, 전통적 화폐 시스템은 국가 신용과 중앙은행의 통화정책에 기반한 '불신화폐(Fiat Money)' 체제로 운영돼 왔다. 그러나 2008년 글로벌 금융위기와 이후의 경제 불평등, 신뢰 위기 등은 기존 화폐 시스템의 근본적 한계를 드러냈다. 이에 따라 블록체인 기반의 '신뢰화폐(Trust Money)', 즉 탈중앙화된 디지털 자산과 블록체인 화폐가 새로운 대안으로 부상하게 됐다.

블록체인 기술은 분산원장, 투명성, 불변성, 신뢰성 등 기존 금융시스템이 제공하지 못했던 혁신적 가치를 제시한다. 스테이블 코인 등 디지털 자산은 전통적 통화의 안정성과 블록체인의 분산화 장점을 결합하여, 현실 세계와 디지털 경제를 연결하는 새로운 금융 인프라로 자리매김하고 있다. 특히, 글로벌 인터넷과 스마트폰의 보급은 누구나 언제 어디서나 스테이블 코인으로 경제활동을 할 수 있는 환경을 조성한다.

블록체인과 화폐는 암호화폐는 신뢰 기반의 새로운 금융시스템을 구현한다. 분산원장 기술은 거래의 투명성과 불변성을 보장하며, 중개자 없는 직접 거래와 스마트 컨트랙트를 통해 효율성과 비용 절감, 신뢰성 향상을 실현한다. 스테이블 코인 등 블록체인 화폐는 글로벌 결제, 송금, 자산관리 등 다양한 분야에서 기존 금융시스템을 대체하거나 보완하는 역할을 하고 있다. 실추된 인간사회의 신뢰를 강제로 묶어내는 기계인 Trust Machine을 통해 불신화폐 시스템에서 신뢰화폐 시스템으로 그야말로 환골탈퇴할 수 있게 된 것이다.

특히, 블록체인 기반의 Web3 경제는 개방성, 투명성, 신뢰성, 가치 공유라는 핵심 원칙을 바탕으로, 기존 중앙집중형 시스템의 한계를 극복하고, 사용자 중심의 분산화된 경제 생태계를 구축하고 있다. 이는 금융뿐 아니라, 데이터, 콘텐츠, 자산, 비즈니스 모델 등 다양한 분야에서 혁신적 변화를 촉진하고 있다.

5-2. 블록체인 조직문화의 혁신 방향

- 인간을 도구에서 목적으로 대하게 되므로 불필요한 통제가 사라진다.
- 리더 만능주의의 한계를 벗어날 수 있다.
- 전형적인 공무원 조직같은 수직구조에서 생기는 문제점을 낮출 수 있다.
- 성과에 따른 팀별 제도나 조직 문화가 동기부여로 바뀐다.
- 부서간 이기주의가 획기적으로 줄어든다.
- 정보 차단 왜곡이 사라져서, 성과만 가로채려는 세력의 불법이 근절된다.
- 통제는 협력으로, 명령의 문화는 대화와 토론으로 바뀐다.
- 억압과 착취의 경영이 합의와 실행의 프로세스로 바뀔 수 있다.

6. CBDC

6-1. CBOC 시스템과 CBDC의 종류

중앙은행 디지털화폐(CBDC, Central Bank Digital Currency)는 기술적 방식에 따라 계좌 기반(account-based)과 토큰 기반(token-based)으로 구분된다. 계좌 기반 CBDC는 중앙은행 또는 지정된 금융기관이 관리하는 단일 원장에 각 사용자의 계좌가 개설되어 있으며, 송금자는 앱을 통해 로그인해 수신인 계좌로 송금을 요청하면 중앙은행이 이를 승인하고 원장에 거래 내역을 기록하여 거래가 확정된다. 반면, 토큰 기반 CBDC는 블록체인과 같은 분산원장기술(DLT, Distributed Ledger Technology)을 활용해 디지털 토큰의 이동을 기록한다. 이 방식은 현금과 유사하게 익명성을 어느 정도 보장할 수 있지만, 거래의 신뢰성과 불법행위 방지를 위해 제3의 인증 절차가 필요하므로 완전한 익명성은 제공하지 않는다.

CBDC는 또 도매형과 소매형으로도 구분된다. 도매형(기관용) CBDC는 중앙은행, 상업은행, 기타 금융기관 간 대규모 결제와 정산을 위해 설계된 디지털 화폐로, 송금 수수료가 없거나 매우 낮고 결제 속도가 빨라 국가 간 지급결제의 효율성을 크게 높일 수 있다. 하이브리드 모델은 소매형과 도매형의 장점을 결합한 구조로, 예를 들어 한국은행의 CBDC는 도매형으로 발행한 뒤 시중은행 등 예금취급기관이 일반 소비자에게 2계층 구조로 제공하는 방식을 채택하고 있다. 이 구조에서는 중앙은행이 직접 국민 개개인의 계좌를 관리하지 않고, 기존 시중은행이 중개 역할을 하며 토큰 형태로 CBDC를 유통시킨다.

일반 소비자는 소매형 CBDC를 전자지갑에 저장해 일상적인 거래에 사용할 수 있다. 소매형 CBDC는 결제 효율성을 높이고, 은행 접근이 어려운 고객에게도 금융 서비스를 제공할 수 있다. 또한, 인터넷 연결이 어려운 지역이나 재난 상황에서도 오프라인 거래가 가능하다는 장점이 있다. 이러한 다양한 설계와 운영 방식은 각국의 정책과 기술 수준, 금융 인프라에 따라 달라질 수 있다.

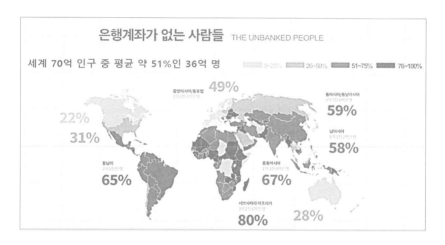

또 그림과 같이 세계인구의 절반 정도가 은행의 금융서비스를 받을 수 없는데, 이런 지역이나 나라에서는 새로운 금융서비스의 복지 혜택을 받을 수 있게 된다.

6-2. 한국은행과 시중은행의 이념적 대립

■ '프로젝트 팍스' 한·일 송금 실험

최근 신한은행, NH농협은행, 케이뱅크 등이 참여한 '프로젝트 팍스'에서는 원화 기반 스테이블 코인을 일본 금융사에 보내고, 엔화 기반 스테이블 코인을 받는 방식으로 한·일 간 국경을 넘는 송금 실험이 진행되고 있다. 이 프로젝트는 일본 Progmat, 국내 페어스퀘어랩, KDAC가 공동 주관하고 있다.

■ 한국은행의 입장과 정책 방향

이창용 한국은행 총재는 스테이블 코인의 가치 안정성과 투명성에 한계가 있으며, 과도한 확산 시 통화주권이 훼손될 수 있다고 우려를 표명했다. 이에 따라 한국은행은 CBDC(예금토큰) 중심의 지급결제 시스템 일원화를 강조하고 있다. 이는 민간 토큰의 무분별한 확산을 막고, 공공 화폐의 주도적 지위를 지키려는 전략이다. 한국은행은 중앙은행 발행 디지털화폐(CBDC)를 모든 결제·정산의 중심으로 삼아 통화주권과 금리정책 집행력을 유지하는 데 목표를 두고 있다. 그 이유로는 민간 스테이블 코인이 무분별하게 확산될 경우 통화 공급과 금리 조절이 어려워지고, 자금세탁 방지나 불법거래 추적 등 금융 안전망이 약화될 수 있다는 점을 들고 있다.

■ 금융당국의 규제 검토

금융당국은 미국, 일본, EU 등 해외 입법례를 참고하여 CBDC와 민간 스테이블 코인이 병존할 수 있는 규제 체계를 검토 중이다. 이에 대해 은행권은 실무적 역할에 기반해 정부 측에 명확한 정의와 가이드라인 마련을 지속적으로 요청하고 있다.

■ 시중은행의 스테이블 코인 확산 전략

시중은행들은 민간 주도의 디지털 토큰 발행을 통해 송금과 결제 효율성을 극대화하고, 은행 및 핀테크 기업이 신규 수익 모델을 창출할 수 있다는 점에 시장 주도권을 두고 있다. 논리적으로는 SWIFT망 의존을 줄여 수수료를 0.1% 수준으로 낮추고, 1시간 이내의 신속한 송금이 가능해지며, 가상자산 거래소 등에서 수수료 수익을 확보할 기회가 커진다고 주장한다. 사용자 입장에서는 환전 비용과 시간 부담이 줄어드는 효과가 있을 것으로 전망한다.

이해 관계자	기대 이익	잠재 손실
한국 은행	• 통화주권·정책 독립성 유지 • 공공 재정·복지 바우처 투명성 확보	• 민간 혁신 속도 뒤처짐 • CBDC 채택 지연 시 신뢰 손상
시중 은행	• 결제망 혁신 선점 • 환전·송금 수수료 수익 확보	• CBDC 일원화 시 투·수익 구조 붕괴 • 규제 공백으로 인한 법적 책임
금융 당국	• 시장 안정과 혁신 균형 달성	• 규제 미비 시 소비자 보호 실패 • 과도 규제 시 금융 혁신 저해
소비자· 소상공인	• 낮은 비용·빠른 송금 편익 • 공공 바우처 실시간 정산	• 준비금 불투명성 리스크 • 개인정보·AML 처리 불확실

CBDC 이해당사자의 관계표

■ 이해관계자 분석 : 누가 무엇을 얻고 잃나?

스테이블 코인 기반 민간 송금 혁신과 CBDC 일원화 전략이 디지털 금융의 혁신과 안정 사이 균형을 시험하는 분수령이 되었다. 스테이블 코인 전쟁은 "효율·혁신" vs. "안정·통제"의 충돌이다.

지급결제 인프라의 미래를 위해서는, 공공과 민간 디지털 화폐가 각자의 강점을 상호보완적으로 결합하는 균형 잡힌 제도 설계가 반드시 필요하다.

(참고 자료 : https://m.blog.naver.com/dlwjdgh0423/223845760933)

6-3. CBDC의 배타적 협력 운영 전략 전망

■ 지역 경제블록 형성 전략

중국은 일대일로(BRI) 참여국을 중심으로 디지털 위안화 결제망(CIPS)을 확장하며 달러 패권에 도전하고 있다. 2025년 현재 UAE·태국·홍콩과의 시범 프로젝트에서 디지털 위안화(e-CNY)의 국제결제 점유율이 23%에 달하며, 이는 미국 달러의 글로벌 외환보유액(58%)을 장기적으로 잠식할 잠재력을 보여준다.

■ 하이브리드 모델의 부상

CBDC 설계에서 직접(Direct) 모델과 간접(Indirect) 모델의 장점을 결합한 하이브리드 아키텍처가 주목받고 있다. 유럽중앙은행(ECB)이 제안한 이 모델은 중앙은행이 최종 청구권을 보유하면서도 민간 기관이 사용자 인터페이스를 제공하는 방식으로, 프라이버시와 규제 준수를 동시에 달성한다. 2025년 6월 국제결제은행(BIS) 보고서는 94%의 중앙은행이 하이브리드 모델을 고려 중이라고 밝혔다.

7. 스테이블 코인은 100년 부의 물결

21세기 금융 패러다임은 블록체인 기반 스테이블 코인(Stablecoin)을 중심으로 재편되고 있다. 2025년 현재 글로벌 스테이블 코인 시장 규모는 1,800억 달러를 넘어섰으며, 전통 금융 시스템과의 융합이 가속화되고 있다. 이 글에서는 화폐의 진화 역사를 수학적 모델로 해석하고, 스테이블 코인이 주도할 미래 부의 창출 메커니즘을 분석한다.

7-1. 스테이블 코인 출현의 배경

스테이블 코인은 달러·금·채권 등 실물 자산과 1:1로 가치를 묶어, '디지털 달러' 처럼 가격변동 없이 언제든 동일 구매력을 보장하는 토큰이다. 덕분에 해외 송금·간편 결제·탈중앙 금융(DeFi) 등에서 "수수료 절감·즉시 처리" 수단으로 각광받는다.

■ 불신화폐에서 신뢰화폐로 대전환

달러 스테이블 코인(Stable Coin)은 1달러에 1테더(USDT) 또는 1USDC와 같이 법정 달러화폐와 1:1의 비율로 고정되어 가격 변동성을 최소화한 디지털 화폐이다. 스테이블 코인을 쓰지 않을 수 없는 이유는 간편한 송금의 편리성 때문이다. 은행에 가지 않고 내 스마트폰에서 즉시 실시간 송금이 가능하다. 게다가 아주 낮은 수수료로 전 세계 어디로나 보내고 받을 수 있는 즉시 결제시스템은 어느 누구에게나 매력적이다.

각국의 법정화폐 대신 달러기반 스테이블 코인을 실제 사용하는 사례가 폭증하고 있다. 예를 들면 2024년 한국 해외 거래의 10%가 스테이블 코인으로 이루어졌다고 한다.

미국의 경우 여러가지 거래 수단에 쓰일 수 있어 미국 경제 구조를 획기적으로 바꿀 수 있는 '신의 한수'인 핵심전략 도구가 될 수 있다.

비트코인은 가격 변동성이 크고 정부가 직접 통제할 수 없어 국가의 채권문제를 해결하는 도구로 쓰기에는 적합지 않다. 그래서 트럼프 정부는 스테이블 코인의 담보를 미국 국채로 제한하는 입법화 작업을 하고 있다. 즉 미국의 채권문제를 해결할 수 있는 방법으로 스테이블 코인 발행기관은 그 코인 발행량만큼 미국 국채를 매입해야 하는 의무를 지게 된다. 그러므로 스테이블 코인 발행량에 비례하여 미국 국채 수요도 증가하게 된다. 다시말하면 전 세계국가들이 달러 스테이블 코인을 사용하면 할수록 미국의 국채문제가 해결되는 것이다.

■ 한국인이 주도했던 스테이블 코인 테라의 뼈아픈 교육

Terra는 2018년 Do Kwon과 Daniel Shin이 설립한 Terraform Labs라는 스타트업에서 개발되었다. Terra 블록체인의 핵심은 TerraUSD(UST)와 LUNA이다.

UST는 LUNA와의 차익거래 메커니즘을 통해 미국 달러와의 페그(peg)를 유지하는 알고리즘 기반 스테이블 코인이다. LUNA는 네이티브 거버넌스 토큰이기도 하며, 검증인이 네트워크 트랜잭션을 처리하고 보상을 획득하기 위해 스테이킹할 수 있다.

미국 달러와 같은 안정적인 통화에 페그되도록 설계된 암호화페이다. 이를 구현하는 가장 쉬운 방법은 각 스테이블 코인을 실제 달러로 담보하고 1:1로 자유롭게 상환할 수 있도록 하는 것이다. 그러나 알고리즘 기반 스테이블 코인은 게임 이론에 기반한 경제적 인센티브 시스템을 통해 달러와의 페그를 유지하려고 했다. 이는 의도적인 기능인 실제 미국 달러를 보유할 필요성을 없애준다. 중앙화된 기관에 대한 신뢰는 암호화폐의 정신에 어긋나며, 알고리즘 기반 스테이블 코인은 이론적으로 탈중앙화와 가격 안정성을 모두 달성하는 몇 안 되는 방법 중의 하나이다.

테라는 몰락하기 전까지 가장 유망하고 야심 찬 암호화폐 생태계 중 하나였으며, 단 하나의 핵심 사명, 바로 최대 규모의 알고리즘 스테이블 코인을 구축하는 것이었다. 테라의 개발자, 투자자, 그리고 지지자들로 구성된 활발한 커뮤니티가 이 사명을 위해 뭉쳤고, 테라의 용감한 공동 창립자 권도형은 그들의 메시아로 칭송받았다. 비평가들은 지속 불가능한 경제구조를 가진 폰지 사기라고 비난했지만, 테라의 대담한 계획은 저명한 투자자들로부터 수십억 달러의 자금을 유치했고, 많은 사람들이 "대마불사"라고 생각할 정도로 규모가 커졌다. 그리고 모든 것이 무너졌다.

2022년 테라·루나(UST) 대폭락 사태는 알고리즘형 스테이블 코인이 수요 급감 시 '데스 스파이럴'에 빠질 위험을 보여 주었다.

이후 블랙록(BUIDL)·페이팔(PYUSD) 등 대형 기관이 담보형·준담보형 모델로 시장에 복귀하면서 "알고리즘형도 투명한 담보 공개와 엄격한 거버넌스로 보완 가능"하다는 주장이 제기된다.

투자자 신뢰 회복의 관건은 담보 자산의 실시간 감사와 자동 청산

매커니즘이다.

■ 세계 기축통화로 가는 스테이블 코인 동향

스테이블 코인은 2025년을 기점으로 세계적인 신금융제도의 중대한 변곡적에 있는 인류사적 큰 트렌드이다. 스테이블 코인의 가치는 세계 기축통화로 스테이블 코인이 안정적으로 작동할 수 있느냐에 있다. 이 말은 사회제도와 사용자의 신뢰가 담보될 수 있는 것과 직결되는 것이다.

- 유럽연합(EU)은 MiCA 규정에서 전자화폐토큰(EMT)를 스테이블 코인에 포함시켜, 발행사 감독·준비금 보유 요건·투자자 보호 기준을 명시했으며, 올해 말 비준 시행을 앞두고 있다.

- 반면 미국은 아직 연방 차원의 통일된 법안이 부재해 주별 규제와 증권·상품 분류 논쟁이 계속되고 있다.

- 일본은 개정 자금결제법을 통해 은행·신탁사 발행 스테이블 코인을 허용해 안정적인 국내 결제망 실험에 나서고 있다.

- 이처럼 규제 일원화 속도와 방식이 국가별로 다르면, 글로벌 상호운용성과 투자자 보호 수준에도 격차가 불가피하다.

- 시중은행들이 스테이블 코인을 새로운 '이체 수단'으로 보고 인프라 구축과 실증 실험에 속도를 내고 있다. 스테이블 코인을 통해 기존 SWIFT망을 대체해 수수료 절감과 실시간 송금이 가능하다는 점을 사업 기회로 주목한다.

■ 한국이 주관하는 스테이블 코인 발행 가능성

미국 재무부는 2028년까지 스테이블 코인 시장이 2조 달러 규모로 성장할 것으로 전망하며, 이는 CBDC의 확장 속도를 능가할 것으로 예상된다. 특히 인플레이션이 1,200%에 달하는 베네수엘라나 269%의 레바논에서는 국민의 28%가 이미 USDT를 주 결제 수단으로 사용 중이다. 이러한 환경에서 CBDC와 스테이블 코인은 글로벌 결제 시장의 이분화를 가속화할 전망이다.

우리나라는 IT선진국으로 삼성 스마트 폰과 같은 글로벌 기반시설의 공급망과 신뢰를 갖고 있다. 그래서 전문가들은 한국발 스테이블 코인 발행의 기회 포착을 적극 주문하고 있다. 미국 달러화와 중국 위안화 기반의 글로벌 스테이블 코인 발행을 적극 추진한다면 우리나라가 글로벌 금융 허브로 중심축 역할을 기대할 수도 있다.

7-2. 스테이블 코인과 CBDC의 차이점

■ 발행 주체와 신뢰 기반의 근본적 차이

스테이블 코인(Stablecoin)은 테더(USDT)나 USD 코인(USDC)과 같이 민간 기업 또는 탈중앙화 조직(DAO)이 발행하는 디지털 자산이다. 이들은 주로 달러화와 1:1로 연동되는 완전예탁형(Full-Backed) 모델을 채택해 통화 가치를 유지한다. 반면에 CBDC는 한국은행이나 중국의 디지털 위안화(e-CNY)처럼 정부 기관이 직접 발행하며, 그 신뢰도는 중앙은행의 신용에 기반한다.

■ 기술 구조와 규제 프레임워크

스테이블 코인은 이더리움(Ethereum)이나 솔라나(Solana) 같은 퍼블릭 블록체인에서 운영되며, 스마트 계약을 통해 자동화된 거래가 가능하다. 반면 CBDC는 중앙화된 허가지갑(Permissioned Ledger)를 사용해 거래 검증 속도를 높이고, 자금세탁방지·테러자금조달방지(AML/CFT) 규제를 엄격히 적용한다. 예를 들어 중국의 디지털 위안화(e-CNY)는 2 계층 구조로 설계되어 상업은행이 사용자 인증(KYC)을 담당하는 반면, 중앙은행은 전체 거래 내역을 감시한다.

■ 사용자 프라이버시 보장 수준

스테이블 코인은 조건부 익명성(Pseudo-Anonymity)을 제공하는 반면, CBDC는 거래 내역 추적이 가능한 완전 투명성을 지향한다. 유럽중앙은행(ECB)의 연구에 따르면, CBDC 사용자의 41%가 프라이버시 보호를 최우선 고려사항으로 꼽았으나, 중국의 디지털 위안화(e-CNY)는 2025년 기준 7.3조 위안(약 1,300조 원) 규모의 거래를 모두 감시 가능한 시스템으로 운영되고 있다.

7-3. 미래 글로벌 스테이블 코인 시장의 위험 요소

2030년 스테이블 코인 시장은 3.7조 달러 규모로 성장하지만, 위험 요인을 해결하지 못할 경우 테라 사태와 같은 대형 사고가 반복될 수 있다. 핵심은 준비금 투명성 확보, 규제 협업, 기술 인프라 고도화다. 특히 한국은 글로벌 표준에 맞춘 AML 시스템 구축과 동시에 혁신 지원 정책을 병행해야 한다. 2030년까지 글로벌 스테이블 코인 시장은 성장세를 지속하지만, 다음과 같은 주요 위험 요인에 직면할 수도 있다.

■ 준비금 투명성 부족

일부 스테이블 코인은 준비금 구성과 규모를 불명확하게 공개하거나 고위험 자산(예 : 상업어음)에 투자해 유동성 위기를 초래할 수 있다. 예를 들면 2022년 테라USD(UST) 붕괴는 알고리즘 방식의 결함과 담보 부족이 원인이었다. 이런 일을 방지하기 위해서는 외부 감사 의무화 및 실시간 준비금 공개 시스템을 도입해야 한다.

알고리즘이 취약하여 극단적 시장 상황에서 페깅 메커니즘이 무너질 경우, 스테이블 코인 가치가 급락하며 시장 혼란을 야기할 수 있다. 2023년만 해도 스테이블 코인 디페깅 사례가 1,900건 발생했으며, 이 중 600건 이상이 주요 코인과 연관되었다.

■ 시스템 리스크 전이

DeFi에 연계된 스테이블 코인은 탈중앙화 금융(DeFi) 프로토콜의 70% 이상에서 담보로 사용되며, 가격 하락 시 강제 청산이 연쇄적으로 발생할 수 있다. 이 경우 파급 효과를 보면 2023년 실리콘밸리은행(SVB) 파산 당시 USDC의 일시적 디페깅은 금융 시스템 전반에 충격을 줬다.

■ 규제 불확실성

글로벌 차원의 규제 분열로 인한 불확실성도 위험요소이다. 미국·유럽·아시아의 규제 프레임워크 차이가 시장 분할을 심화시킨다. 예를 들어, 유럽의 MiCA는 엄격한 준비금 요건을, 중국은 디지털 위안화 중심 정책을 추진한다. 한국의 경우는 실명계정 제도와 과도한 상장 코인 제한이 혁신을 저해할 수 있다.

■ 범죄 악용 및 AML 문제

익명성 악용의 문제인데, 스테이블 코인의 빠른 전송성과 익명성이 자금세탁·테러자금 조달 등에 활용될 위험이 있다. 그렇기 때문에 이에 대응하기 위해서는 실시간 이상 거래 모니터링 시스템과 FATF 가이드라인 준수를 강화해야 한다. FATF(Financial Action Task Force)는 금융활동작업부로, 국제적인 금융범죄와 테러자금 조달을 방지하기 위한 기준을 설정하는 국제 기구이다. FATF 가이드라인은 이러한 목적을 달성하기 위해 암호화폐 및 블록체인 기술을 포함한 금융 서비스 제공업체에 대한 규제 기준을 제시한다.

■ CBDC와의 경쟁

중국 디지털 위안화(e-CNY)의 부상에 주목해야 한다. 2030년까지 아시아 무역의 약 55%가 디지털 위안화로 전환될 것으로 예상되며, 스테이블 코인 시장을 압박할 것으로 전망된다. 또 미국 디지털 달러인 FRBcoin 출시가 스테이블 코인의 역할을 위협할 수 있다.

■ 기술적 취약점

스마트 계약 해킹의 문제인데, 2025년 기준, DeFi 프로토콜 해킹 사례의 약 60%가 스테이블 코인과 연관되었다. 또 처리 속도의 한계로 인한 문제인데, 이더리움 기반 스테이블 코인은 초당 30건 처리에 머무르며, 실생활 적용에 제약이 있다.

■ 경제적 변동성

달러 가치 변동도 근본적인 문제이다. 스테이블 코인의 90%가 달러 페그되어 있어, 미국의 금리 정책 변화가 직접적인 영향을 미친다. 또 인플레이션 리스크로 고물가 환경에서 스테이블 코인의 실질 가치가 하락할 수 있다.

8. Web3 경제 도구의 특성과 활용 방법

8-1. Web3 개요

트럼프 발 관세전쟁, 미·중화폐전쟁, 세계 여러 곳의 무력전쟁에서 살아남기 위한 전략은 무엇인가?

지금 우리는 Web2에서 Web3로의 전환이 이루어지는 거대한 메가 트렌드 시대에 있다. 트렌드는 새로운 세상을 만든다. 그러므로 우리가 살아가는 2025년 이후 5~10여 년은 Web3의 적극적인 참여자만이 살아남게 될 것이다. 블록체인 기술의 미래와 그 사회적 영향력은 일반인들이 인식하지 못하는 사이 블록체인기술은 미래 사회의 신뢰와 투명성을 높이는 데 결정적인 역할을 할 것이다. 금융, 의료, 교육, 사회기반구조 등 다양한 분야에서의 활용이 확대되며, 개인의 데이터 주권과 개인데이터보호를 강화하게 될 것이다. (참고 : 블록체인투데이 (https://www.blockchaintoday.co.kr), 2021.05.28.

구분	Web1 (1991~1999)	Web2 (2000~2022)	Web3 (2022~　)
정보 제공	단방향	양방향	데이터 + 가치 + 권리 신개념 자산을 공유
가치 추구	정보교류목적의 커뮤니티 중심	참여 · 공유 · 개방	투명성 · 데이타소유 · 보상 · 민주적의사결정
콘텐츠	소비	소비 + 창조	소비+창조+소유
데이터	월드와이드웹(www)	중앙집중관리	분산관리
기기	컴퓨터(PC)	컴퓨터+모바일	컴퓨터+모바일+웨어러블기기
인공 지능	없음	1세대 Ai	2세대 Ai
금융 BIZ결합	없음	1세대 Defi	2세대 DePin
사용 중심축	기술 발전	정보 활용	금융 탑재

인터넷 발전 단계와 그 속성 비교

8-2. web3 문명과 DAO 문화

Web3는 블록체인 기반의 분산화, 신뢰성, 투명성, 개방성, 가치 공유를 핵심 원칙으로 하는 새로운 디지털 경제 패러다임이다. Web3 경제 도구는 탈중앙화된 네트워크, 스마트 컨트랙트, 토큰 이코노미, 분산금융(DeFi), NFT, DAO 등 다양한 형태로 구현된다.

Web3 경제 도구의 주요 특성은 다음과 같다. 첫째, 사용자는 네트워크의 주체로서, 데이터와 자산, 의사결정에 직접 참여할 수 있다. 둘째, 스마트 컨트랙트와 자동화된 프로토콜을 통해 신뢰성과 효율성이 극대화된다. 셋째, 토큰 이코노미와 가치 공유 모델을 통해 참여자 모두가 경제적 인센티브를 받을 수 있다. 넷째, 글로벌 개방성과 상호운용성을 바탕으로 다양한 서비스와 비즈니스 모델이 융합된다.

Web3 경제 도구의 활용 방법은 디지털 자산 발행과 거래, 분산금융 서비스, NFT 기반 콘텐츠 유통, DAO를 통한 분산 거버넌스, 실물 자산의 토큰화 등으로 다양하게 확장되고 있다. 이는 기존 중앙집중형 플랫폼의 한계를 극복하고, 사용자 중심의 분산화된 경제 생태계를 구현하는 데 핵심적 역할을 한다.

8-3. DAO가 중요한 이유

■ DAO의 이익 분배와 의사결정 구조

탈중앙화 자율 조직(Decentralized Autonomous Organization, DAO)은 블록체

인 기반의 거버넌스 토큰(Governance Token) 시스템을 통해 기존의 계층적 기업 구조를 혁신하고 있다. DAO에서 구성원은 토큰 보유량에 따라 의결권을 행사하며, 이는 주식과 달리 실시간 투명한 의사결정이 가능하다는 특징이 있다.

- 중앙 권력에 의존하지 않고 구성원이 의사결정을 주도하고, 중개자 없이 조직운영이 가능하기 때문에 비용이 절감된다.

- 그리고 블록체인 기록을 통해 모든 의사가 결정되어 공개되기 때문에 투명성이 확보된다.

■ DAO를 기반으로 한 비즈니스 모델 설계

- 크라우드 펀딩 플랫폼 : 프로젝트에 투자하고 거버넌스 토큰 소유

- 소셜 DAO : 특정 관심사를 가진 사람들이 모여 공동 목표를 달성

- 디지털 아티스트 경제 : 창작물이 자동으로 수익화되고 크리에이터에게 배분

- DAO로 운영되는 금융 생태계 : 디파이 대출, 보험 등

■ DAO 리스크 및 한계

- 초기 설계 단계의 보안 문제

- 대규모 토큰 보유자 소수가 의사결정을 좌우할 가능성

- 국내 법적 지위 미확립

8-4. DAO의 미래 전망과 과제

DAO는 단순한 기술적 실험이 아닌, 조직 구조와 사회적 협력 방식에 대한 근본적인 재고를 요구하는 혁신적 모델이다. 디지털 자산과 웹 3의 부상과 함께 DAO에 관한 관심이 점차 높아지고 있으며, 기존의 중앙집중식 거버넌스의 한계를 개방형 프로토콜 및 표준을 활용하여 개선하고 있다. 특히 물리적·시간적 경계가 없는 디지털 환경에서 공통의 목표를 달성하기 위해 집단지성을 활용할 수 있다는 점에서 DAO는 미래 조직의 강력한 모델로 대중의 관심을 끌고 있다.

그러므로 유연한 구조에서 다양한 아이디어의 빠른 실현을 지원하며, 사업을 시작하고 영위하는 방법을 바꿀 뿐만 아니라 일하는 방법 및 직업에 대한 인식, 나아가서는 삶 자체의 변화를 촉발할 것으로 예상된다. 그러나 DAO의 광범위하고 안정적인 채택을 위해서는 초기 상태인 기반 인프라가 신뢰하기 어렵고, 불투명하고 복잡한 참여 및 의사결정 구조, 불안정한 거버넌스, 기술 및 정책적 미비점 등 내재한 문제점들을 어떻게 해결해나가느냐가 관건이 될 것이다.

국내에서도 다양한 유형의 DAO가 나타나고 있고, DAO를 통해 일하는 사람들이 늘어나는 만큼 현황 및 문제점 파악, 제반 법 제도적 논의 등을 시작하여 변화할 미래에 본격적으로 대비할 필요가 있을 것이다. DAO가 가져올 혁신과 도전을 균형 있게 바라보고, 이를 미래 경제와 사회 시스템의 중요한 구성 요소로 발전시키기 위한 정책적 논의가 필요한 시기이다.

(자료)
https://www.perplexity.ai/search/dao-taljunganghwa-jayuljojig-y-lP.jYDBlTfisZmup
P1xbmg

8-5. Web3 경제 도구의 주의할 점과 투자 자세

■ 변동성 관리의 중요성

Web3 경제는 단순한 기술 혁신을 넘어 참여형 자산 배분 구조를 재정의하고 있다. Pi Network의 대중 참여 모델과 이더리움의 스마트 계약 혁명이 결합되며, 2030년까지 글로벌 디지털 자산 시장은 50조 달러 규모로 성장할 전망이다. 투자자와 개발자 모두 변동성 관리와 펀더멘털 분석을 통해 이 변화의 물결에 대응해야 할 시점이다.

Web3 시장은 전통 주식·채권 시장 대비 평균 변동성 3.2배 높은 특성을 보인다. 2025년 1분기 기준 비트코인(BTC)의 30일 변동성 지수는 68.3으로 S&P500(19.5)의 3.5배 수준이다. 이는 24시간 글로벌 거래, 레버리지 파생상품 확대, 규제 불확실성 등이 복합적으로 작용한 결과다.

■ 코인사업 참여자의 기본 자세

우선 투자위험 완화를 위해 포트폴리오 분산을 한다. 디지털 자산 비중을 전체 투자 자산의 5~15%로 제한하고, 스테이블 코인(30%), 유틸리티 토큰(40%), 플랫폼 코인(30%)으로 구성할 것을 권장한다.

그리고 모든 사업의 판단과 투자는 당사자의 책임하에 이뤄져야 한다. 만일에 있을 수도 있는 블록체인 화폐 시장의 급격한 하락이나 해당 기업의 파산과 같은 리스크는 본인이 감수하여야 한다. 또한, 반품이나 환불이 불가하기 때문에 투자원금은 보장받을 수 없다. 결론적으로 수익과 손실은 본인 몫임을 인정하고, 이에 어떠한 민·형사

상의 책임을 누구에게도 돌리지 않는 각오가 되어 있어야 한다. 요행을 바라는 기회주의자적 자세로 이익을 앞에 두고는 배신하여 함께하는 동료 사업자들에게 책임을 떠넘기거나 법정에 걸어 멱살잡이를 하는 것은 반 블록체인 정신이며, 원래의 신뢰 제로의 인간상으로 되돌아가는 것이다. 항상 블록체인적 가치관 위에 인간 신뢰사회를 회복하도록 노력해야 하고 시대적 리더 역할을 분담해야 한다. 특히 한국에서 코인 사업에 참여하는 사람은 블록체인 경제의 선각자로서 국가와 사회의 블록체인 경제발전을 위해 지도자로 헌신하여야 한다.

9. 대표적인 인공지능 서비스와 활용 사례

세계적으로 인공지능(AI)은 가정과 사무실에서 다양한 형태로 활용되고 있다. 일반인들이 쉽게 사용할 수 있는 주요 인공지능 서비스의 이름, 기능, 사용료 등은 아래와 같다.

9-1. 생성형 AI 챗봇(퍼를렉시티 답변 인용)

이름	주요 기능	사용료/요금제
Chat GPT	- 대화, 정보 검색, 글쓰기, 번역, 요약, 코드 생성, 이미지 생성 등	무료(기본), Plus 월 $20, Team 월 $252
Claude	- 대화, 문서 요약, 데이터 분석, 코드 생성 등	무료(기본), Pro 월 $202
Google Gemini	- 대화, 번역, 요약, 이미지·음성 인식, 문서 생성	무료(기본), Advanced 월 $29,000(기업용)

무료 플랜은 기본적인 대화 및 문서 생성, 번역 등 주요 기능을 제공한다. 유료 플랜은 더 빠른 응답, 고급 기능(데이터 분석, 이미지 생성 등), 더 많은 사용량, 우선 접속 권한을 제공한다. 대부분 월 구독 방식이며, 개인과 팀/기업 단위로 요금제가 구분된다.

9-2. 가정용 AI 기기 및 로봇(퍼플렉시티 답변 인용)

이름/브랜드	주요 기능	사용료/요금제
구글 어시스턴트	- 음성명령으로 가전 제어, 일정 관리, 음악·뉴스 추천 등	기기 구매 후 무료
아마존 알렉사	- 스마트홈 제어, 음성 쇼핑, 정보 검색, 일정 관리 등	기기 구매 후 무료
LG 스마트홈 AI	- 가전제품 상태 진단, 에너지 관리, 맞춤형 생활정보 제공 등	기기 구매 후 무료
애플 가정용 로봇(개발 중)	- 집안에서 사용자를 따라다니며 정보 제공, 원격 제어 등	미정(연구 초기 단계)

스마트 스피커(구글, 아마존 등)는 음성 명령으로 가전제품 제어, 음악·영상 추천, 보안 시스템 연동 등 다양한 기능을 제공한다.

LG, 삼성 등 국내 가전 브랜드도 AI 기반 스마트홈, 가정용 로봇 서비스에 집중하고 있다. 대부분 기기 자체 구매 후 별도 사용료 없이 기본 AI 서비스 이용 가능하고 일부 프리미엄 기능은 추가 구독이 필요할 수 있다.

9-3. 사무실/업무용 AI 서비스(퍼플렉시티 답변 인용)

• 일정 관리, 이메일 요약, 문서 작성, 데이터 분석, 보고서 자동 생성 등 다양한 업무 자동화 기능이 제공된다.

• 대표 서비스 이름은 ChatGPT, Claude, Google Gemini, 더존

비즈온 ERP(재무분석, 문서관리 자동화) 등이다.

• 대부분 월 구독 방식(개인/팀/기업 단위)이고, 무료 플랜도 있으나 고급 기능은 유료 구독을 해야 제대로 응답이 나온다.

■ 요약 및 트렌드

• 생성형 AI(챗GPT, 클로드, 제미나이 등)는 텍스트·이미지 생성, 번역, 요약, 데이터 분석 등 다양한 기능을 제공하며, 무료와 유료 플랜이 구분되어 있다.

• 가정에서는 AI 스피커, 스마트홈 기기, 가정용 로봇 등으로 음성 명령, 생활정보 제공, 가전 제어, 보안 등 다양한 서비스를 경험할 수 있다.

• 사무실에서는 AI 비서, 문서 자동화, 데이터 분석 등으로 업무 효율성을 크게 높이고 있다.

• 요금제는 대부분 월 구독 형태로, 무료 플랜은 기본 기능 제공, 유료 플랜은 고급 기능과 더 넓은 사용량을 지원한다.

• 이처럼 인공지능은 이미 일상과 업무에 깊숙이 들어와 있으며, 앞으로도 다양한 형태의 서비스와 비즈니스 모델이 지속적으로 등장할 전망이다.

9-4. 스마트 홈 어시스턴트(Ask up 답변 인용)

- Amazon Echo(Alexa)
- 기능 : 음악 재생, 날씨 예보, 알람 설정, 스마트 홈 기기 제어(예 : 조명, 온도 조절기) 등.
- 사용료 : 기본 서비스는 무료, 일부 기능은 구독 필요(예 : Amazon Music Unlimited).

- Google Nest(Google Assistant)
- 기능 : 검색, 스마트 홈 제어, 뉴스 브리핑, 교통 정보 등.
- 사용료 : 기본 서비스는 무료, 일부 기능은 Google 서비스 구독 필요.

- Apple HomePod (Siri)
- 기능 : 음악 재생, 알람, 스마트 홈 제어, Siri를 통한 정보 검색 등.
- 사용료 : 기본 서비스는 무료, Apple Music 구독 가능.

9-5. 이미지 및 비디오 분석(Ask up 답변 인용)

- Google Photos
- 기능 : 자동 이미지 분류, 얼굴 인식, 사진 검색, AI 기반 추천 등.
- 사용료 : 기본 저장 공간 15GB 무료, 추가 저장 공간 구매 가능.

- Nest Cam
- 기능 : 실시간 모니터링, 움직임 감지 알림, 음성 명령 기능.

- 사용료 : 기본 서비스는 무료, 추가 기능은 구독 필요.

9-6. 자연어 처리 및 번역(Ask up 답변 인용)

- Google Translat
- 기능 : 실시간 언어 번역, 카메라 번역 기능.

- 사용료 : 기본 서비스는 무료.

- Microsoft Power Virtual Agents
- 기능 : 챗봇 개발 및 운영.

- 사용료 : 월간 구독 모델, 사용량에 따라 다름.

9-7. 비즈니스 및 생산성 도구(Ask up 답변 인용)

- Slack
- 기능 : 팀 커뮤니케이션, AI 기반 검색 기능, 채널 자동 생성.

- 사용료 : 기본 서비스는 무료, 추가 기능은 유료 플랜 필요.

- Microsoft 365
- 기능 : 문서 작업 도구, AI 기반 제안, 프로젝트 관리 도구.

• 사용료 : 월간 또는 연간 구독 모델, 플랜에 따라 다름.

9-8 보안 및 모니터링(Ask up 답변 인용)

- Netatmo Smart Security Camera
• 기능 : 실시간 모니터링, 움직임 감지 알림, 야간 투시 기능.

• 사용료 : 기본 서비스는 무료, 추가 기능은 구독 필요.

9-9. 선택 시 고려 사항(Ask up 답변 인용)

• 호환성 : 기존 스마트 홈 기기와의 호환성을 확인한다.

• 프라이버시 : 데이터 처리 방식과 프라이버시 정책을 검토한다.

• 기능 필요성 : 필요한 기능과 가격을 고려하여 가장 적합한 제품을 선택한다.

• 각 제품과 서비스는 구독 모델이나 추가 구매가 필요할 수 있으므로, 사용 전에 상세한 비용 정보를 확인하는 것이 좋다.

10. 블록체인과 AI의 결합은 신뢰사회 구축 에너지

블록체인과 AI의 결합은 신뢰사회를 구축하는 데 매우 중요한 역할을 하게 되었다. 이 두 기술의 상호작용은 여러 가지 긍정적인 결과를 가져온다. 블록체인과 인공지능의 결합은 현재 기술 발전의 핵심 동향으로, 두 기술의 상호작용을 통해 데이터의 투명성과 보안성이 강화되는 동시에 자동화된 의사결정 프로세스가 가능해지고 있다. 이러한 융합은 투명한 데이터 환경 구축, 높은 수준의 데이터 보안 확보, 그리고 복잡한 프로세스의 효율적 자동화를 통해 신뢰성 향상, 비용 절감, 개인화된 서비스 제공이라는 긍정적인 결과로 이어지고 있다.

앞으로 이러한 기술 결합은 더욱 발전하여 새로운 비즈니스 모델을 창출하고, 분산형 AI 인프라를 구축하며, 국제적 규제와 표준화를 통해 안정적인 생태계를 형성할 것이다. 이 과정에서 중요한 것은 기술발전이 인간 중심적 가치를 유지하면서, 보다 공정하고 투명한 사회 구축에 기여하도록 하는 것이다.

블록체인과 AI의 결합은 아직 초기 단계에 있으며, 많은 도전과제가 남아있다. 하지만 이러한 도전을 극복하고 두 기술의 시너지를 최대화한다면, 우리는 데이터의 민주화, 의사결정의 투명성, 그리고 개인의 데이터 주권이 보장되는 새로운 디지털 시대를 열어갈 수 있을 것이다. 아래에서 원인, 결과, 그리고 향후 전망을 살펴본다.

10-1. 결합되는 원인과 결과

■ 결합되는 근본적 원인

블록체인과 인공지능은 각각 독립적으로 발전해왔지만, 이 두 기술이 결합될 때 더욱 강력한 시너지 효과를 발휘하게 된다. 이러한 결합이 일어나는 주요 원인은 데이터의 투명성 확보, 보안 강화, 그리고 프로세스 자동화에 대한 필요성에서 비롯된다.

- 투명성 : 블록체인과 AI의 결합은 데이터의 신뢰성과 의사결정 과정의 투명성을 크게 향상시킨다. 블록체인에 기록된 변경 불가능한 데이터는 AI 모델의 학습 과정에서 데이터 조작이나 편향을 방지하며, 이를 통해 더욱 정확하고 공정한 예측과 분석이 가능해진다. 블록체인은 모든 거래 기록이 분산되어 저장되기 때문에 데이터의 변조가 어렵고, 투명성을 제공한다. 이는 AI가 학습할 수 있는 신뢰성 있는 데이터를 생성한다. 특히 AI 시스템의 신뢰성은 학습 데이터의 품질에 크게 의존하기 때문에, 블록체인의 투명한 데이터 환경은 AI의 성능과 결과물에 대한 신뢰도를 크게 향상시킨다. 또한 이러한 투명성은 AI 알고리즘의 의사결정 과정을 명확히 기록하고 검증할 수 있게 함으로써, AI의 '블랙박스' 문제를 부분적으로 해결하는 데 기여한다.

- 데이터 보안 : 블록체인은 해킹에 강한 방어구조를 가지고 있어 사용자 데이터 보호에 기여한다. AI는 이러한 안전한 데이터에서 더욱 효과적으로 학습할 수 있다. 좀더 자세히 알아보면, 블록체인의 암호화 기술과 분산 구조는 해킹이나 데이터 조작에 대한

강력한 방어벽을 제공한다. 사용자 데이터가 중앙 집중식 서버가 아닌 분산된 네트워크에 저장되기 때문에, 단일 지점 공격에 취약하지 않다. 이러한 보안성은 AI가 처리하는 민감한 개인정보나 기업 데이터를 보호하는 데 매우 중요하다.

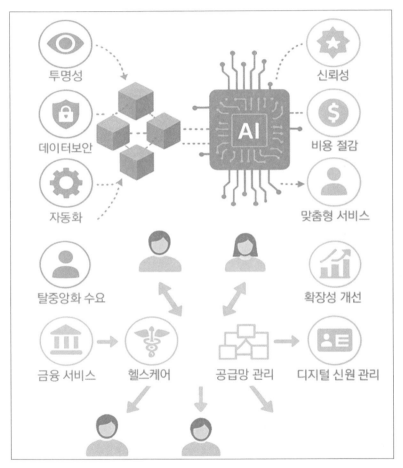

블록체인과 AI의 결합 체계도

- 또한 블록체인은 데이터 액세스에 대한 정교한 권한 관리를 가능하게 하여, 누가 어떤 데이터에 접근할 수 있는지를 명확히 통제할 수 있다. 이는 AI 시스템이 사용자 프라이버시를 존중하면서도 필요한 데이터를 안전하게 활용할 수 있는 환경을 조성한다. 결과적으로 사용자들은 자신의 데이터가 어떻게 사용되는지에 대한 더 큰 통제력을 갖게 된다.

- 자동화 : 스마트 계약과 같은 블록체인의 기능은 AI 알고리즘이 자동으로 실행될 수 있는 환경을 제공한다. 이는 복잡한 프로세스를 효율적으로 관리할 수 있게 한다. 좀 더 자세히 말하면, 블록체인의 스마트 계약 기능은 사전에 정의된 조건이 충족될 때 자동으로 실행되는 코드를 의미한다. 이 기능은 AI 알고리즘과 결합될 때 특히 강력해진다. AI는 복잡한 데이터 분석과 패턴 인식을 통해 의사결정을 내릴 수 있으며, 이러한 결정은 스마트 계약을 통해 자동으로 실행될 수 있다. 이러한 자동화 프로세스는 금융 거래, 공급망 관리, 보험 청구 처리 등 다양한 영역에서 인간의 개입을 최소화하면서도 효율성과 정확성을 높일 수 있다. 또한 블록체인에 기록되는 모든 자동화된 프로세스는 나중에 감사되고 검증될 수 있어, 시스템의 투명성과 책임성을 보장한다.

■ 블록체인과 AI의 결합 결과

- 신뢰성 향상 : 블록체인과 AI의 결합을 통해 데이터의 신뢰성이 높아지면, 의사결정 과정에서 보다 정확한 예측과 분석이 가능해진다. 특히 금융, 의료, 법률 등 높은 수준의 신뢰성이 요구되는

분야에서 이러한 결합은 큰 가치를 지닌다. 예를 들어, 의료 진단 AI가 블록체인에 안전하게 저장된 환자 데이터를 기반으로 진단을 내리고, 그 진단 과정과 결과가 블록체인에 기록된다면, 의사와 환자 모두 해당 진단을 더욱 신뢰할 수 있게 된다. 또한 AI의 의사결정 과정이 블록체인에 투명하게 기록되므로 설명 가능한 AI(Explainable AI)의 구현에도 기여한다.

- 비용 절감 : 자동화된 프로세스와 데이터의 투명성 덕분에 중개자 없이도 거래가 가능해져 비용이 절감된다. 즉 블록체인과 AI의 결합은 중개자 필요성 감소, 자동화된 프로세스, 오류 감소 등을 통해 상당한 비용 절감 효과를 가져온다. 스마트 계약은 법률 문서 작성이나 계약검증과 같은 과정에서 중개자의 필요성을 줄여 관련 비용을 절감한다. 또 AI가 블록체인 데이터를 분석하여 최적화된 운영 결정을 내리고, 이를 자동으로 실행함으로써 운영 효율성이 향상된다. 예를 들어, 공급망 관리에서 AI는 블록체인에 기록된 실시간 데이터를 분석하여 재고 수준을 최적화하고 배송 경로를 효율적으로 계획할 수 있다. 이러한 프로세스는 인적 오류의 가능성을 줄이고 비용 효율성을 높이는 데 크게 기여한다.

- 개인화된 서비스 : AI는 사용자 데이터를 분석하여 개인 맞춤형 서비스를 제공할 수 있으며, 블록체인 덕분에 이러한 데이터가 안전하게 관리된다. 즉 AI 기술의 주요 강점 중 하나는 대량의 데이터에서 개인 패턴을 식별하고 이를 기반으로 맞춤형 서비스를 제공하는 능력이다. 블록체인과 결합될 때, 이러한 개인화 서비스는 사용자의 데이터 프라이버시를 보호하면서도 더욱 정교하

게 제공될 수 있다. 사용자들은 블록체인 기반 신원관리 시스템을 통해 자신의 데이터에 대한 접근권한을 세밀하게 제어할 수 있으며, 데이터 공유에 대한 보상을 받을 수도 있다. AI는 이렇게 공유된 데이터를 분석하여 사용자의 선호도와 행동 패턴에 맞는 맞춤형 추천과 서비스를 제공한다. 이는 소매, 엔터테인먼트, 금융 서비스 등 다양한 산업에서 고객 만족도와 참여도를 크게 향상시키는 데 기여한다.

■ 향후 전망

블록체인과 AI의 결합은 신뢰사회를 구축하는 데 중요한 도구가 되며, 이는 여러 산업에 혁신을 가져오고, 개인과 기업 간의 신뢰를 증진시키는 데 다음과 같이 여러분야에 걸쳐 기여하게 될 것이다.

- 산업 전반에 걸친 혁신 : 금융, 의료, 물류 등 다양한 산업에서 블록체인과 AI의 융합이 이루어질 것으로 예상된다. 이는 새로운 비즈니스 모델과 혁신적인 서비스 창출로 이어진다.

- 규제와 윤리 문제 : 기술의 발전에 따라 데이터 프라이버시와 윤리에 대한 논의가 필요하며, 이를 해결하기 위한 규제도 필요하다.

- 글로벌 협력 : 블록체인과 AI의 결합은 국가 간 협력을 촉진할 수 있으며, 글로벌 경제의 상호 연결성을 강화한다.

10-2. 블록체인과 AI 결합이 산업에 주는 영향력

블록체인과 AI의 결합은 여러 산업에 걸쳐 큰 영향을 미칠 것으로 예상된다. 아래에 몇 가지 주요 산업을 소개한다.

■ **금융 산업**

• 스마트 계약 : 자동화된 거래 및 계약 실행을 통해 중개자의 필요 성을 줄이고, 거래 비용을 절감할 수 있다.

• 신원 인증 : 블록체인을 통해 안전한 신원 인증이 가능해져, AI가 금융 사기를 예방하는 데 도움을 줄 수 있다.

■ **의료 산업**

• 데이터 공유 : 환자 기록을 블록체인에 안전하게 저장하고 공유함 으로써 AI가 데이터를 분석하여 진단 및 치료 방법을 개선할 수 있다.

• 약물 추적 : 블록체인 기술로 약물의 출처와 유통 경로를 추적하 여 위조 약물을 방지할 수 있다.

■ **물류 및 공급망 관리**

• 투명한 추적 : 제품의 이동 경로와 상태를 블록체인에 기록하여 AI가 공급망 효율성을 분석하고 최적화할 수 있다.

• 자동화된 재고 관리 : AI가 실시간 데이터를 기반으로 재고를 관 리하고, 블록체인이 이를 안전하게 기록한다.

블록체인과 인공지능으로 흡수되는 종이돈 경제
Bing Image Creator, DALL·E 3로 그림

■ 에너지 산업

- 분산형 에너지 거래 : 블록체인을 이용한 P2P 에너지 거래 플랫
폼이 개발되면, AI가 에너지 수요와 공급을 예측하여 효율적인
거래를 도울 수 있다.

- 신재생 에너지 관리 : 신재생에너지는 자연환경의 변화로 에너지
생산과 공급이 일정치 못한 문제가 있다. AI는 블록체인에서 수
집된 데이터를 분석하여 태양광, 풍력 등 신재생 에너지의 생산
과 소비를 최적화할 수 있다.

■ 정부 및 공공 서비스

• 투표 시스템 : 블록체인을 통해 안전하고 투명한 투표 시스템을 구축하고, AI가 투표 결과를 분석하여 신뢰성을 높일 수 있다. 이렇게 되면 근래 문제가 된 부정투표와 개표의 시비도 사라지게 된다.

• 복지 서비스 관리 : 블록체인을 통해 복지 데이터의 안전한 관리가 가능해지며, AI는 이를 기반으로 맞춤형 서비스를 제공할 수 있다.

■ 보험 산업

스마트 계약을 통해 보험 청구 과정을 자동화하고, AI가 데이터 분석을 통해 사기 가능성을 줄일 수 있어 클레임 처리 자동화가 가능하다. 특히 AI는 블록체인에서 수집된 데이터를 분석하여 더욱 정확한 보험 상품 개발과 위험 평가를 할 수 있다. 이처럼 블록체인과 AI의 결합은 다양한 산업에서 혁신을 가져오고 있으며, 더 나아가 효율성과 신뢰성을 높이는 데 기여한다.

■ AI와 블록체인 결합이 주는 금융 서비스의 혁신효과

AI와 블록체인의 결합은 금융 서비스에서 효율성과 신뢰성을 높이고, 고객 맞춤형 서비스를 제공하는 데 중요한 역할을 한다. 이러한 혁신은 다음과 같은 금융 산업의 구조를 변화시키고, 새로운 비즈니스 모델을 창출하는 데 기여한다.

- 거래 자동화 및 효율성 : 스마트 계약을 활용해 자동으로 거래를 실행하고, 중개자 없이도 계약 조건이 충족되면 자동으로 결제가 이루어진다.

- 리스크 관리 : AI는 대량의 데이터를 분석하여 리스크를 예측하고 관리하는 데 도움을 줄 수 있다.

- 사기 방지 : AI는 블록체인에서 발생하는 모든 거래를 실시간으로 분석하여 이상 거래를 감지하고, 사기를 예방할 수 있다.

- 개인화된 금융 서비스 : AI는 고객의 금융 행동과 선호도를 분석하여 개인 맞춤형 금융 상품을 추천할 수 있다.

- 비용 절감 : 블록체인을 통해 중개자의 필요성이 줄어들면서 거래 비용이 절감된다.

- 투명성 및 신뢰성 : 블록체인은 모든 거래 기록이 공개되고 변경이 불가능하여, 금융 서비스의 투명성을 높인다.

- 개선된 고객 경험 : AI 챗봇 등으로 고객 문의에 즉각적으로 대응할 수 있으며, 블록체인이 고객 데이터를 안전하게 관리한다.

- 국제 송금 및 결제 : 블록체인을 활용한 국제 송금 서비스는 기존의 송금 방식보다 빠르고 저렴하다.

■ AI와 블록체인의 결합이 투자자에게 주는 기회

AI와 블록체인의 결합은 투자자에게 다양한 새로운 기회를 제공하며, 더 나은 투자 결정을 내릴 수 있는 기반을 마련해 줄 수 있다. 이는 투자자의 투자 경험을 향상시키고, 더 많은 사람들에게 투자 기회를 확대하는 데 기여한다.

- 데이터 기반 투자 전략 : AI는 대량의 데이터를 분석하여 시장 동향과 투자 기회를 식별할 수 있다.

- 자동화된 거래 : AI 기반의 알고리즘은 자동으로 거래를 실행할 수 있으며, 시장 변화에 신속하게 대응할 수 있다.

- 분산형 금융(DeFi) 참여 : 블록체인 기술을 통해 중개자 없이 개인 간의 투자가 가능해지고, AI는 이러한 투자 기회를 분석하고 추천할 수 있다.

- 소액 투자 및 접근성 : 블록체인 기반 플랫폼을 통해 소액으로도 다양한 자산에 투자할 수 있는 기회가 생긴다.

- 개인화된 금융 상품 : AI는 투자자의 목표와 위험 선호도를 분석하여 최적의 포트폴리오를 제안한다.

- 글로벌 시장 접근 : 블록체인 기술을 통해 전 세계의 다양한 투자 기회에 접근할 수 있으며, AI는 이를 분석하여 최적의 투자 결정을 지원한다.

- 리스크 관리 및 사기 방지 : AI는 투자 포트폴리오의 리스크를 실시간으로 분석하고, 블록체인은 거래의 신뢰성을 보장한다.

- 혁신적인 자산 클래스 : 블록체인의 발전으로 NFT와 같은 새로운 자산 클래스에 투자할 수 있는 기회가 늘어났다.

- 커뮤니티 기반 투자 : 블록체인을 활용한 커뮤니티 기반의 투자 플랫폼이 활성화되며, AI는 투자자에게 유망한 프로젝트를 추천할 수 있다.

■ AI와 블록체인이 결합된 투자 플랫폼의 특징

AI와 블록체인 기술이 결합된 투자 플랫폼이 기존의 투자 방식과 차별화되는 점을 보여주며, 투자자에게 더 나은 경험과 기회를 제공한다. 이러한 플랫폼은 투자자의 의사결정을 지원하고, 보다 안전하고 효율적인 투자 환경을 만들어 간다.

- 투명성 : 블록체인은 모든 거래 기록을 공개적으로 저장하여 투명성을 제공한다.

- 자동화 및 효율성 : 스마트 계약과 AI 기반 알고리즘을 통해 거래가 자동으로 실행되고, 시장 변화에 맞춰 전략이 조정된다.

- 개인화된 서비스 : AI는 투자자의 목표, 선호도, 리스크 수용 능력을 분석하여 개인 맞춤형 포트폴리오와 투자 전략을 제안한다.

- 리스크 관리 : AI는 투자 포트폴리오의 리스크를 지속적으로 모니터링하고, 블록체인은 거래의 신뢰성을 보장한다.

- 접근성 : 블록체인 기술을 통해 소액으로도 다양한 자산에 투자할 수 있는 기회를 제공한다.

- 혁신적인 자산 클래스 : NFT와 같은 새로운 자산 클래스에 대한 투자 기회를 제공한다.

- 커뮤니티 중심의 투자 : 블록체인 기술을 통해 개인 간의 직접 투자가 가능해지며, 크라우드펀딩 등 커뮤니티 기반의 프로젝트에 참여할 수 있다.

■ 새로운 비즈니스 모델의 등장

블록체인과 AI의 결합은 기존에 없던 혁신적인 비즈니스 모델을 가능하게 한다. 데이터 마켓플레이스, 분산형 자율 조직(DAO), 개인 데이터 관리 플랫폼 등 다양한 형태의 서비스가 등장하고 있다. 특히 사용자가 자신의 데이터에 대한 통제권을 가지고, 이를 AI 서비스 제공자와 공유하면서 경제적 보상을 받는 모델이 확산될 것으로 예상된다.

또한 블록체인 기반의 투명한 AI 모델 시장이 형성되어, 다양한 개발자들이 자신의 AI 모델을 공유하고 그 사용에 대한 보상을 받을 수 있게 될 것이다. 이는 AI 발전의 민주화와 경쟁력 있는 생태계 조성에 기여할 것이다. 나아가 블록체인과 AI의 결합은 탈중앙화된 금융(DeFi), 메타버스, 디지털 아이덴티티 관리 등 기존 산업의 혁신을 가속화할 것이다.

■ 분산형 AI 인프라 구축

현재 AI 개발과 운영은 주로 중앙집중식 인프라에 의존하고 있지만, 블록체인과의 결합을 통해 분산형 AI 인프라가 발전할 것으로 전망이다. 이는 컴퓨팅 자원의 공유, 데이터의 분산 저장 및 처리, 그리고 협업적 AI 모델 개발을 가능하게 한다.

분산형 AI 인프라는 단일 기업이나 기관에 의존하지 않고도 강력한 AI 시스템을 구축하고 운영할 수 있게 해주며, 이는 기술의 민주화와 접근성 향상에 기여한다. 또한 이러한 인프라는 자원 효율성을 높이고, 시스템 장애에 대한 회복력을 강화하며, 지역 간 디지털 격차를 줄이는 데 도움이 될 것이다.

■ 규제 및 표준화 발전

블록체인과 AI의 결합이 확산됨에 따라, 이를 지원하고 규제하는 법률 체계와 기술 표준의 발전도 가속화될 것이다. 데이터 소유권, 알고리즘 책임성, 프라이버시 보호, 보안 요구사항 등에 관한 명확한 규정이 마련될 것으로 예상된다.

국제적인 협력을 통한 표준화 노력도 진행되어, 서로 다른 블록체인 네트워크와 AI 시스템 간의 상호운용성이 향상될 것이다. 이러한 규제와 표준화는 기술 발전을 제한하기보다는, 오히려 신뢰할 수 있는 생태계를 구축함으로써 더 많은 사용자와 기업들이 이 기술을 채택하도록 장려하는 역할을 할 것이다.

■ 결론

블록체인과 AI의 결합은 현재도 진행 중인 혁신적인 과정이며, 앞으로 더욱 발전된 형태로 진화할 것으로 예상된다. 이러한 기술 결합의 미래는 새로운 비즈니스 모델의 등장, 분산형 AI 인프라 구축, 그리고 기술 간 융합의 가속화로 특징지어질 것이다.

11. 2030년 디지털 화폐 전쟁의 향방

11-1. 경쟁과 재편의 요소들

■ 기술 표준 주도권 경쟁

6G 통신과 양자암호 기술이 결합된 차세대 결제 인프라 확보가 관건이다. 중국은 2025년 기준 180만 개의 디지털 위안화(e-CNY) 지갑을 보유하며 표준화를 주도하는 반면, 미국은 제니어스 법안(GENIUS Act)을 통해 스테이블 코인 규제 프레임워크를 정비 중이다.

■ 신뢰 생성 메커니즘의 진화

알고리즘 스테이블 코인의 실패(테라USD 폭락)를 계기로 실물자산(RWA, Real World Asset) 담보 모델이 부상했다. 메이커다오(DAI)는 미국 국채를 담보로 8%의 연간 수익률을 제공하며, 이는 전통 은행 예금 금리(0.5%)를 16배 상회하는 경쟁력을 보여준다.

■ 글로벌 금융 질서 재편

스테이블 코인은 2030년 글로벌 금융 시스템의 필수 인프라로 "분할된 패권" 구조로 안정화될 것이다. 2030년까지 디지털 화폐 기반 결제가 글로벌 무역의 45%를 차지할 것으로 예상되며, 이 과정에서 미국 달러의 기축통화 지위는 점차 약화될 전망이다. 중국의 디지털 위안화(e-CNY) 확장과 스테이블 코인의 급성장은 다극화된 통화 체제의 도래를 예고한다. 이러한 변화 속에서 한국은 2025년 4월 시작된 한국형 CBDC 시범사업의 성패가 중요하다. 특히 지하경제에 잠재된 20%의 유동성(약 400조 원)을 디지털 화폐 시스템으로 흡수하는 화폐개혁 모델의 설계가 핵심 과제로 부상했다. 금융당국은 스테이블 코인과 CBDC의 상생 구조를 모색하며, 글로벌 표준화 경쟁에서 주도권을 확보하기 위한 전략 수립에 집중해야 할 시점이다.

11-2. 글로벌 스테이블 코인 시장의 미·중 양극화 전망

규제 합의와 기술적 안정성 확보가 성패를 좌우할 전망이다. USDT와 USDC 등 달러 기반 스테이블 코인과 중국의 디지털 위안화(e-CNY)가 각자의 영향권을 확장하며 첨예한 대립을 보일 것이다. 기술 표준 경쟁과 규제 프레임워크 차이가 시장 분열을 고착화시키겠지만, B2B 결제와 탈중앙화 금융(DeFi)에서는 여전히 상호 운용성 실험을 통해 '불확실성 속의 공존'이 지속될 전망이다.

■ 2030년 미국 주도 스테이블 코인 생태계

2030년 USDT·USDC의 시장 점유율은 Citi의 낙관적 전망대로 3.7조 달러에 도달할 것으로 예상된다. 이 중 USDT와 USDC가 전체의 75% 이상(약 2.8조 달러)을 차지하며, 특히 USDC는 MiCA 규제 준수로 유럽에서 45% 점유율을 확보가 예상된다. USDT는 여전히 글로벌 거래소 유동성 1위를 유지하지만, 미국 내에서는 GENIUS Act의 엄격한 준비금 규제로 인해 시장 점유율이 2025년 63%에서 2030년

50%로 감소할 것으로 예상된다.

FedNow 2.0과 연동된 디지털 달러(FRBcoin)가 2027년 출시될 것으로 예상되며, USDC는 이를 기반으로 초당 30만 건의 트랜잭션 처리 능력을 갖춘 인프라로 진화할 것이다. AI 기반 AML 시스템 도입으로 USDC의 거래 모니터링 정확도가 99.5%까지 상승해 기관 투자자들의 신뢰가 강화될 전망이다.

미국 재무부는 전략적 비트코인 비축과 연계해 USDT · USDC를 개발도상국 원조 자금의 40%를 처리하는 도구로 활용할 것이다. 이를 통해 2030년까지 58개국에서 달러 기반 결제 인프라를 확보할 것이다.

■ 중국 디지털 위안화의 대응 전략

2025년 체결된 ASEAN-중동 디지털 위안화 결제 네트워크를 기반으로 2030년까지 아시아 무역의 55%, 중동 에너지 거래의 약 40%를 디지털 위안화(e-CNY)로 전환될 전망으로 아시아 · 중동 시장 장악이 예상된다.

이런 관계로 mBridge 플랫폼을 통해 7초 내 결제가 표준화되며, SWIFT 사용 비중은 2023년 88%에서 2030년 60%로 감소될 것으로 보인다.

또 중국의 DeepSeek-V7 AI 모델이 디지털 위안화(e-CNY) 결제 사기 탐지 정확도를 약 99.98%까지 끌어올려 미국의 Gemini 시스템의 99.2%를 능가할 것으로 보인다. 또 양자암호통신 기술을 접목한 디지털 위안화(e-CNY) 2.0이 2028년 출시되면, 초당 50만 건 처리 속도로 미국 스테이블 코인 대비 1.7배 빠른 성능을 보일 것으로 보인다.

러시아·이란·브라질 등과의 원유거래를 2027년까지 100% 디지털 위안화(e-CNY) 결제로 전환하며, BRICS 내 디지털 화폐 교환 시스템(BRICS Pay)을 가동할 것이다.

■ 양극화된 시장 구조 전망

미국 블록은 USDT·USDC가 북미·유럽·라틴아메리카 시장의 80% 장악, B2B 결제의 35%, DeFi TVL의 약70%에서 사용될 것이다. 반면에 중국 블록은 디지털 위안화(e-CNY)가 아시아·중동·아프리카에서 65% 점유, 특히 철강·희토류 무역에서 90% 이상의 결제 비중을 보일 것이다.

■ 기술 표준 경쟁

미국은 ISO 20022를 스테이블 코인 표준으로 채택해 글로벌 호환성을 확보하는 반면, 중국은 GB/T 35276 국가표준을 디지털 위안화(e-CNY)에 적용해 독자 생태계를 구축하고 있다.

USDT의 준비금 투명성 논란이 2027년 재발하며 시장 점유율이 일시적으로 15% 하락하나, Tether의 실시간 감사 시스템 도입으로 복귀할 것이다. 디지털 위안화(e-CNY)의 자본통제 강화 기능이 2029년 WTO에서 규제 논의 대상으로 올라와 국제적 마찰을 빚게 될 것으로 보인다.

11-3. 미·중 디지털 화폐 전쟁과 글로벌 금융 체계의 재편

2030년까지 미국과 중국의 디지털 화폐 전쟁은 글로벌 금융 체계의 재편을 가속화할 것이다. 2030년 디지털 화폐 전쟁은 "분할된 패권" 구조로 귀결된다. 중국은 아시아-중동-아프리카에서 디지털 위안화를 기반으로 신금융질서를 구축하고, 미국은 스테이블 코인과 비트코인을 통해 기존 달러 체제를 유지하며, 유럽은 규제 중심의 디지털 유로 생태계를 확장할 것이다. 이 과정에서 BTC는 2030년 50만 달러(ARK 투자사 베이스 시나리오)에 도달하며, 글로벌 외환보유액의 3%를 차지하는 신흥 준비자산으로 부상할 것이다. 양국의 전략적 움직임과 기술 경쟁을 중심으로 예측 결과를 정리한다.

■ 미국의 '스테이블 코인+비트코인' 이중 전략

트럼프 정부는 2025년 도입한 전략적 비트코인 비축을 확대해 2030년까지 미국 재무부 보유 BTC를 50만 개(약 5조 달러)까지 늘릴 것이다. 동시에 USDT·USDC 등 달러 페그 스테이블 코인 시장을 3.7조 달러 규모로 성장시켜, 글로벌 무역의 25%를 스테이블 코인으로 처리한다. 이는 중국의 디지털 위안화에 대응하는 '소프트 달러 패권' 전략으로 작동하게 될 것이다.

■ 금융 시스템의 블록체인 기반 분단화

2030년 글로벌 결제 인프라는 세 개의 블록으로 분리될 것이다.
• 미국 주도 블록 : 스테이블 코인 + 비트코인 + CBDC(디지털 달러)

연계

- 중국 주도 블록 : 디지털 위안화 + BRICS 국가 CBDC 연합. 특히 중국은 2027년까지 러시아·이란과의 원유 거래 전량을 디지털 위안화로 전환하며, 미국의 제재를 회피하는 수단으로 활용한다.

- 유럽 연합 블록 : 디지털 유로 + SWIFT 2.0 혁신

■ AI와 양자컴퓨팅을 둔 기술 패권 경쟁

중국의 DeepSeek-V7 AI 모델은 2030년까지 디지털 위안화 결제 네트워크의 사기 탐지 정확도를 99.98%로 끌어올리며, 미국의 OpenAI Gemini 시스템과 기술적 격차를 좁힌다. 양국은 블록체인 트랜잭션 속도 경쟁에서도 맞붙어, 중국의 홍멍 아키텍처는 초당 50만 건, 미국의 FedNow 2.0은 30만 건 처리 능력을 보인다.

■ 신흥국 중심의 디지털 화폐 동맹 재편

인도네시아·나이지리아·아르헨티나 등 30개 이상의 신흥국이 2028년까지 다중 CBDC 브릿지에 가입하며, 이들 국가 외환보유액에서 달러 비중은 55%→40%로 감소할 것이다. 반면 디지털 위안화 보유액은 5%→15%로 증가해, IMF 특별인출권(SDR) 바스켓에서 위안화의 비중이 12.8%로 확대될 전망이다.

■ 글로벌 기업의 전략적 선택

2030년 포춘 500대 기업 중 70%는 다중 디지털 화폐 결제 시스템

을 도입하게 될 것이다. 아마존·알리바바는 거래 화폐를 5개(USD, EUR, 디지털 위안화(e-CNY), USDT, BTC)로 확장하고, AI 알고리즘이 실시간 환율 변동에 맞춤 결제 화폐를 선택한다. 특히 반도체·희토류 거래에서는 디지털 위안화 사용이 2025년 12%에서 2030년 38%로 급증할 것이다.

세기의 대결
퍼플랙시티로그림그리기 활용

2장. 트럼프의 글로벌 경제 개혁 추진

1. 달러 패권과 관세전쟁

1-1. 글로벌 기축통화 패권의 흥망성쇠

2차 세계대전 이후, 미국 달러는 국제무역과 금융의 중심축으로 자리 잡았다. 1944년 브레튼우즈 체제 이후 달러는 계정 단위, 교환 수단, 가치 저장수단 등 모든 면에서 넘버원 국제통화로 기능해왔다. 전 세계 무역의 절반 이상이 달러로 결제되며, 글로벌 외환보유액의 59%가 달러 표시 자산으로 보유되고 있다. 미국의 경제 규모, 금융시장 유동성, 제도적 신뢰성 등이 달러 패권의 기반이었다.

그러나 최근 미국 경제의 상대적 약화, 공공 부채 증가, 정책 불확실성, 포퓰리즘 정치의 부상 등으로 달러 패권의 구조적 한계가 부각되고 있다. 미국의 정책 변동성은 동맹국과 경쟁국 모두에게 리스크로 인식되며, 각국은 자국 통화나 대체 디지털 자산을 통한 탈달러 전략을 모색하고 있다. 중국, 인도 등 신흥 경제대국이 부상하고 있으나, 이들 통화가 국제적 신뢰와 유동성, 제도적 기반에서 달러를 대체하기에는 여전히 한계가 존재한다.

달러 패권의 지속성은 미국 경제의 상대적 우위, 글로벌 금융시장의 신뢰, 지정학적 리더십 등에 달려 있다. 그러나 디지털 경제와 블록체인 기술의 부상, 글로벌 경제 질서의 재편 등은 달러 중심의 국제 금융질서에 근본적 도전을 제기하고 있다.

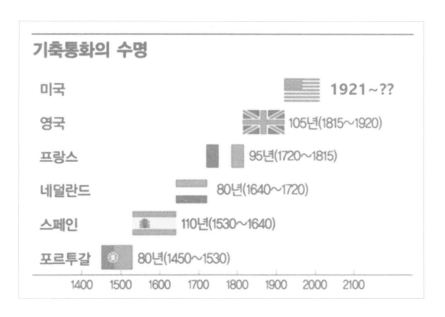

위 그림에서 보듯이 세계를 주름잡던 기축통화는 대략 80~100년 주기로 변해왔다. 포루투칼의 에스쿠도(Escudo)화는 1450년부터 80년간, 스페인의 페세타(Peseta)화는 1530년부터 110년간, 네덜란드의 길더(Guilder)화는 1640년부터 80년간, 프랑스의 프랑(Franc)화는 1720년부터 96년간, 영국의 파운드(Pound)화는 1815년부터 105년간을 기축통화 중심국가 역할을 해왔다.

이제 달러화폐가 1921년부터 2025까지 기축통화로 유효하다고 보면 104년이 수명이 된다. 그러나 미국은 이 종이돈 달러의 패권을 암호화 화폐 달러로 계속 이어가는 것을 열망하고 있다. 이것은 세계 질서의 각축전이며 관련 국가들의 운명을 결정하게 될 것이다.

1-2. 21세기 미·중 패권 경쟁의 구조적 기반

■ 체제 이념의 근본적 차이

미국은 애덤 스미스(Adam Smith)의 〈국부론〉에서 제시된 '보이지 않는 손(인비지블 핸드)' 개념을 현대적으로 계승했다. 2024년 기준 실리콘 밸리 스타트업 창업률이 연간 12.5%를 기록하며, 개인 주도의 혁신 생태계가 작동하고 있다. 반면 중국은 2021년 '공동부유' 정책을 선포하며 기업의 사회적 책임을 법제화하는 방식으로 마르크스주의를 재해석했다. 물론 양국의 체제는 다른 장단점을 갖고 있다.

필자는 앞으로 중국이 미국을 앞서서 글로벌 리더국가로 나갈 가능성은 희박하다고 판단한다. 그 이유는 국가 경영의 정치체계가 권위주의식 공산주의라는 후진성으로 인해 개인의 능력을 최대한 끌어낼 수 없다는 생각에서이다. 그러나 중국이 금융시장 개방을 필두로 개방경제로 간다면 G1의 위치도 가능할 수 있다고 본다.

■ 기술 표준화 전략 비교

6G 통신 표준화 과정에서 미국은 오픈RAN(Open Radio Access Network) 연합을 주도해 45개국 120개 기업이 참여했다. 이에 대응해 중국은 2023년 3GPP 국제회의에서 TDD 대역폭 할당 표준을 강제 통과시키며 기술 블록화를 가속화했다. 양측의 표준 경쟁은 2025년 현재 전 세계 통신장비 시장의 68%를 분할점유하는 상황으로 발전했다.

1-3. 경제 운영 메커니즘의 차이점

■ 미국의 분권적 자본시장

• 벤처캐피털 유치 : 2024년 AI 분야 투자금액 420억 달러(중국 대비 3.2배)

• 주식시장 규모 : 뉴욕증시 시가총액 48조 달러(상하이·홍콩 합계 19조 달러)

• 연방준비제도(Fed)의 정책 : 2024년 3/4분기 기준 기준금리 5.25%~5.5% 유지

■ 중국의 국가 주도형 모델

• 산업정책 집행 : 14차 5개년 규획(2021-2025)에 1.7조 달러 투입

• 디지털 위안화 보급률 : 2025년 6월 기준 도시지역 78% 달성

• 일대일로 프로젝트 : 152개국 참여, 해외 항만 97개소 인수 완료

1-4. 2040년 패권 전망의 결정 변수

■ 인구구조 변화의 영향

미국 인구증가율은 2040년까지 연평균 0.7%를 유지할 전망인 반면, 중국은 2023년 인구 감소 시작 이후 2040년 노령인구 비율이 34%에 도달할 것으로 예상된다. 이에 따라 중국은 2025년 보조금

정책을 도입해 출산율 1.8 목표를 설정했다.

■ 첨단기술 상용화 능력

양자컴퓨팅 분야에서 IBM은 2024년 1000큐비트 프로세서 '콘도르'를 공개했고, 중국 과학기술대는 '쭈이촨 3.0'으로 대응했다. 그러나 실용화 수준에서 미국이 2년 이상 기술 격차를 유지하고 있다는 분석이 나왔다.

■ 새로운 경제 질서의 가능성

2030년까지 디지털 화폐 기반 결제시스템이 글로벌 무역의 45%를 차지할 것으로 전망된다. 미국은 2024년 7월 디지털 달러 프로토타입을 발표했으나, 중국의 CIPS(Cross-border Interbank Payment System)는 이미 106개국 1350개 기관을 연결했다. 이러한 환경에서 2025년 9월 G20 회의는 디지털 통화 표준화 프레임워크 채택을 논의할 예정이다.

이 같은 변화 속에서 블록체인 기술은 국가 간 신뢰구축 메커니즘으로 부상했다. 2024년 3월 UAE-인도 간 원유거래에서 최초로 스마트계약 기반 결제가 시행되며, 전통적 달러 결제시스템을 우회하는 움직임이 가시화되고 있다. 필자는 앞으로 스테이블 코인을 통한 글로벌 무역 결제시스템이 큰 변수로 작용할 것이라 생각한다.

1-5. 미국과 중국의 경제전쟁 요소들

트럼프 시대의 금융정책은 달러 패권 유지와 디지털 자산, 블록체인, 암호화폐에 대한 정책적 접근이 핵심이었다. 트럼프 대통령은 암호화폐와 블록체인 기술에 대해 점진적으로 개방적 입장으로 전환하며, 미국 내 디지털 자산 산업의 성장과 규제 혁신을 강조했다. 특히, 스테이블 코인 등 디지털 달러 기반 자산을 활용하여 글로벌 금융시장에서 미국의 영향력을 지속적으로 확대하려는 전략이 부각됐다.

트럼프 행정부는 암호화폐를 정책 우선순위로 격상시키고, 관련 산업과의 협력 강화를 위한 행정명령과 자문위원회 설립 등을 추진했다. 이는 미국이 블록체인과 디지털 자산 분야에서 글로벌 경쟁력을 유지하고, 달러 패권의 디지털화를 통해 새로운 금융질서에서 주도권을 확보하려는 의지를 반영한다. 동시에, 금융 규제의 완화와 혁신 촉진을 통해 블록체인 스타트업과 Web3 프로젝트의 성장을 적극 지원하는 정책 기조가 자리 잡았다.

전통적인 통념에 따르면 중국의 경제력은 미국과 매우 비슷하며, 미국은 중국에 대한 광범위한 경제 차단 조치를 취할 때 자신을 크게 다치게 하거나 그 이상의 상처를 입지 않을 수 없다. 미국 상무부에서 벤 A. 베글과 스티븐 G. 브룩스는 두 가지 측면에서 전통적인 통념이 잘못되었음을 보여준다. 이들은 전통적인 경제 조치가 세계 최대 다국적 기업에 대한 미국의 전례 없는 통제를 무시했기 때문에 미국의 경제력이 과소평가되었다고 주장한다.

또한 중국의 독특한 경제구조가 제시하는 경제 데이터와 측정 문제는 중국의 조작으로 인해 중국의 경제력이 과대평가되었다고 주장한다. 이들은 또 '미국이 동맹국과 협력하거나 먼 해상 봉쇄를 통해 중국에 광범위한 경제 차단 조치를 취하면 중국에 막대한 불균형적인 피해를 가할 수 있음을 보여준다. 여섯 가지 시나리오에 걸쳐 광범위한 차단 조치로 인한 중국의 단기 경제 손실은 미국보다 5배에서 11배 더 높다. 그리고 장기적으로 미국과 거의 모든 동맹국은 이전의 경제성장 수준으로 돌아갈 것이며, 이와는 대조적으로 중국의 성장은 영구적으로 저하될 것이다.'라고 주장한다.

(참고자료 : 옥스퍼드 대학교 출판부 3월 6일. 2025년. 미국 상무부 중국 강연 이춘근 국제정치 아카데미 대표)

중국은 세계 최장의 고속철도망을 자랑하고 있다. 그러나 이것 때문에 중국이 망할 지경이다. 2021년 중국의 고속철도는 9000억 달러의 적자를 기록했는데 이는 중국 GDP의 6%에 이른다. 2024년의 경우 4.9%인데, 자본주의 국가였다면 있을 수 없는 일이다. 참고로 중국 38,000㎞ 스페인 4,000㎞ 일본 2,800㎞이다.

중국은 그들의 공산당 정치 체계로 인해 몰락을 초래할 수밖에 없다. 따라서 중국이 미국을 앞설 수 없다. 그 4 가지 원인은 다음과 같다.

• 중국은 정상적인 자유주의 시장경제의 국가가 아니다.

• 중국의 제도는 민주주의적이 아니기 때문에 경제발전을 지속할 수 없고 정치도 불안할 수밖에 없다.

• 미국은 중국의 패권 도전을 허락하지 않는다.

• 중국은 인구통계학적으로 최악의 상황에 처해 있다.

(참고자료 : 이춘근 This single company alone fuid a dett of about dollars in2022. Bariat.6%of 국제정치 아카데미 대표)

2. 트럼프의 블록체인 화폐 전략

2-1. 트럼피즘

트럼피즘(Trumpism)은 도널드 트럼프의 정치적인 스타일과 정책을 가리키는 용어로 사용된다. 이는 보호무역주의, 이민 제한, 미국 우선주의 등의 정책과 함께 트럼프의 독특한 리더십 스타일과 발언, 행동 등도 포함한다. 트럼프니즘은 많은 논란과 토론을 일으키기도 하지만 다음과 같은 미국의 문제를 당면한 지도자로서는 타당한 태도라고 필자는 생각한다.

먼저 미국이 당면한 거품 경제 붕괴의 문제를 해결해야 하는 과제이다. 네오콘 VS 빅TECH의 전쟁이 트럼프 주의와 암호 화폐의 미래를 보여준다. 미국이 강대국으로 부상한 이후 불변의 미국 국가 대전략은 아시아와 유럽에서 힘의 균형을 이루는 것이라고 이춘근 국제정치 아카데미 대표는 미국의 영구적인 국가 대전략이라는 주제의 유튜브 강의에서 말했다.

또 백악관은 관세로 인한 혼란은 모든 것이 사전에 계획되어 있었던 것이라고 말했다. CBS 조사에 의하면 다수의 미국인이 트럼프 관세전쟁의 목적에 찬성하고 있다고 한다.

트럼프 대통령의 발언을 정리해 보면 다음과 같다.

- 나는 미국의 군사력을 재건하겠다. 미국의 군사력은 너무나 막강하고 위대하기 때문에 누구도 미국을 건들일 수 없게 될 것이다.

- 중국은 친구가 아닌 경쟁자이다.

- 워싱턴 정치가들이 아무리 달콤한 말들을 해도 중국 지도자들은 미국의 친구가 아니고 적이다. 중국에서 일자리들을 다시 찾아오겠다.

- 중국의 상대적인 힘은 절정에 올랐고 이제 내리막길로 치달을 것이다. 미국과 중국이 전쟁에 빠져들지도 모를 진정한 위험이 있다.

- 그러나 그 이유는 오히려 힘이 정점에 올랐다는 함정 때문에 전쟁 발발이 높아졌다고 설명될 수 있다.

- 역사에서 교훈을 얻는다면 힘의 몰락으로 인해 전쟁을 시도할 나라는 중국이지 미국이 아니다.

(참고자료 : 트럼프 2기와 미 · 중대립의 새로운 국면 : 중국에 던질 최후 통 첩과 대한민국 이춘근 박사 특강 인용)

2-2. 미국 우선주의의 실체

2016년 미국 대선에서 도널드 트럼프는 '미국 우선주의(America First)'를 핵심 슬로건으로 내세우며 정치적 돌풍을 일으켰다. 이 슬로건은 단순한 선거 구호를 넘어, 글로벌화로 인한 산업 공동화와 경제적 불평등에 직면한 미국 중서부 '러스트 벨트(Rust Belt)' 지역 유권자들의 심리를 정확히 포착한 전략적 선택이었다. 1980년대부터 진행된 제조업의 해외 이전(Offshoring)으로 인해 철강·자동차 산업 중심지였던 이 지역은 일자리 감소와 경제적 쇠퇴를 경험했으며, 이는 트럼프 지지 기반으로 연결됐다.

트럼프는 중국의 WTO 가입(2001년) 이후 확대된 무역 적자를 '다른 나라들의 약탈'로 규정하며 보호무역주의를 정당화했다. 그의 공약은 ▲중국·EU 등에 대한 관세 강화 ▲북미자유무역협정(NAFTA) 재협상 ▲법인세 인하를 통한 제조업 회귀 유도 ▲1조 달러 규모의 인프라 투자 확대 등 4대 축으로 구성됐다. 특히 2017년 세금감면및고용법(Tax Cuts and Jobs Act)으로 법인세율을 35%에서 21%로 인하한 것은 기업의 해외 이전을 억제하려는 의도였으나, 실제로는 상위 1% 소득층에 혜택이 집중되며 소득 불평등을 심화시켰다는 비판을 받았다.

■ '파괴적 협상가' 리더십 분석

트럼프의 정치적 성공은 전통적 정치인과 차별화된 '아웃사이더' 이미지에서 비롯됐다. 부동산 개발업자 출신으로서의 경험을 바탕으로, 그는 국제 무역 협상을 '비즈니스 거래'로 접근하며 극단적 요구→상대방 불안 조성→부분적 양보 유도 전략을 구사했다. MIT 연구 보고서는 그의 협상 전략을 ▲관찰자(Observer) ▲공연자(Performer) ▲통제자(Controller) ▲파괴자(Disruptor)의 4가지 역할로 분석했다. 예를 들어 2018년 중국과의 무역협상에서 그는 2,500억 달러 규모 관세를 단행한 후 부분 철회하며 유리한 조건을 이끌어냈다.

■ SNS를 통한 여론 주도

트럼프는 트위터(Twitter)를 전략적 무기로 활용하며 정치 커뮤니케이션 패러다임을 재정의했다. 갤럽 조사에 따르면, 그의 트윗을 직접 팔로우하는 미국인은 8%에 불과했으나 76%가 간접적으로 접했을 정도로 영향력이 확산됐다. 호주 언어학자들의 분석은 그의 트윗이 ▲감정적 어조(대문자·느낌표 남발) ▲공격적 해시태그 ▲'가짜 뉴스(Fake News)' 프레임을 통해 지지층의 정서적 공감을 자극했음을 지적했다. 이는 힐러리 클린턴 팀의 전문적 소셜 미디어 전략과 대비되며, '탈전문화(De-professionalization)' 현상을 정치 영역으로 확장시켰다.

■ 경제정책의 역설적 결과

트럼프 행정부의 보호무역 정책은 단기적 성과와 장기적 모순을 동시에 노출했다. 2017-2019년 제조업 일자리는 51만 개 증가했으나, 이는 오바마 행정부 말기(2014-2016) 45만 개 증가 추이와 큰 차이가 없었다. 오히려 중국산 철강·알루미늄 관세로 인한 소비자 물가 상승과 보복관세 피해가 누적되며 2020년 제조업 고용이 코로나19 이전 수준으로 회복되지 못했다.

더욱이 연방정부 재정적자는 GDP 대비 3.1%에서 4.6%로 확대됐고, 국가 부채는 27.75조 달러로 급증하며 장기적 경제 건전성에 적신호가 켜졌다. 이처럼 '관세전쟁'은 표면적으로는 제조업 보호를 명분으로 했으나, 실질적으로는 글로벌 금융 패권 재편을 위한 시간 벌기 전략의 한 방법이라고 필자는 생각한다.

점점 격차가 줄어든 미국과 중국 관계
https://www.perplexity.ai 그림그리기 활용

2025년 현재, 트럼프 행정부가 추진 중인 스테이블 코인법(STABLE Act)과 디지털 달러 체계 구축은 기존 달러 패권을 블록체인 기술로 재편하려는 의도로 읽힌다. 이는 관세전쟁이 단순한 무역 갈등이 아닌, 디지털 화폐 주도권 쟁탈전의 서막임이 분명하다는 것이 필자의 생각이다.

2-3. 밀란 보고서로 본 미국의 장기 경제 전략

트럼프 행정부의 경제정책은 단기적 이익에만 머무르지 않고, 장기적 국가전략의 일환으로 추진됐다. 이를 상징적으로 보여주는 것이 '밀란 보고서' 등 각종 정책보고서와 싱크탱크의 전략 문서다. 이들 보고서는 미국의 경제적 우위 유지, 첨단기술 패권 확보, 글로벌 공급망 통제, 에너지 자립, 금융시스템의 안정성 강화 등을 핵심 목표로 제시한다.

밀란 보고서 등은 미국이 단순히 무역수지 개선에 그치지 않고, 4차 산업혁명 시대의 핵심 기술(인공지능, 반도체, 블록체인 등)과 디지털 경제, 에너지 안보, 금융 인프라 등에서 글로벌 리더십을 공고히 하려는 장기적 비전을 담고 있다. 특히, 미국은 달러 패권을 유지하며, 디지털 화폐와 블록체인 등 신기술을 활용한 금융혁신을 적극 모색하고 있다. 이러한 전략은 트럼프 행정부뿐 아니라, 이후 미국 정부의 경제·안보 정책에도 지속적으로 영향을 미치게 될 것이다.

■ 약달러 전략의 수학적 모델

미국의 장기 경제 전략을 이해하기 위해서는 최근 트럼프 행정부와 백악관 경제자문위원장 스티븐 밀란(Stephen Miran)이 주도한 '약달러(Weak Dollar)' 전략의 본질을 살펴볼 필요가 있다. 밀란 보고서(Miran Report)는 2024년 말 발표된 이후, 미국의 관세 정책과 글로벌 통화 전략의 지침서 역할을 하고 있다.

브레튼우즈 체제(Bretton Woods System) 붕괴 이후, 미국은 변동환율제(Floating Exchange Rate System)로 전환하며 달러의 가치 변동성이 커졌다. 이로 인해 강달러 시기에는 무역적자가 심화되고, 약달러 시기에는 수출 경쟁력이 회복되는 현상이 반복됐다. 밀란 보고서는 이러한 역사적 경험을 바탕으로, 2025년 이후 미국이 다시 한 번 약달러 전략을 통해 글로벌 경제 질서의 주도권을 확보하려 한다고 분석한다.

밀란은 미국 제조업의 경쟁력 약화와 무역적자 심화의 근본 원인으로 오랫동안 지속된 '강달러(Strong Dollar)' 정책을 지목했다. 그는 "달러 강세가 미국 제조업 경쟁력 약화의 근본 원인"이라고 명확히 지적하며, 달러의 국제 기축통화(Reserve Currency) 지위가 미국 내 산업 공동화와 일자리 감소를 초래했다고 분석했다. 실제로 강달러는 미국산 제품의 해외 가격을 높여 수출 경쟁력을 떨어뜨리고, 동시에 외국산 제품의 수입 가격을 낮춰 미국 내 제조업 기반을 약화시키는 구조적 문제를 낳았다.

밀란 보고서는 이를 수학적 모델로 설명한다.
수출 경쟁력은 달러 경쟁력(Dollar Strength)과 글로벌 통화 바스켓(Global Currency Basket) 간의 비율로 정의된다. 이는 달러가 강해질수록 미국의 수출 경쟁력이 약화된다는 점을 명확하게 보여준다. 실제로 1985년 플라자 합의(Plaza Accord) 이후, 달러 가치가 30% 가까이 하락하면서 미국의 무역적자는 일시적으로 개선된 바 있다.

이러한 전략은 단순히 환율 조작이 아니라, 관세(Tariff)와 통화정책, 외환시장 개입을 결합해 미국 제조업의 경쟁력을 회복하고, 글로벌 무역구조의 균형을 재조정하려는 시도다. 밀란은 "달러의 과대평가가 미국 산업의 공동화와 무역 불균형을 심화시켰다"고 강조하며, 약달러 정책이야말로 미국 경제의 지속가능성을 높이는 해법이라고 주장한다.

2-4. 디지털 세금징수 시스템 구상

밀란 보고서의 또 다른 핵심 전략은 디지털 세금징수 시스템(Digital Taxation System)의 도입이다. 미국 국세청은 2025년부터 블록체인 기반의 실시간 과세 플랫폼을 시범 운영하기 시작했다. 이 시스템은 암호화폐와 디지털 자산의 거래 내역을 실시간으로 추적·기록하며, 자동으로 세금 부과와 징수를 처리한다.

이전까지는 암호화폐 거래의 투명성 부족과 익명성으로 인해 과세 사각지대가 존재했다. 그러나 블록체인 기반 플랫폼은 모든 거래 기록을 분산원장(Distributed Ledger)에 저장해 탈세와 조세 회피를 원천적으로 차단한다. 2025년부터 미국 내 모든 암호화폐 브로커와 거래소는 IRS가 요구하는 실명확인(KYC, Know Your Customer)과 거래내역 보고 의무를 갖게 됐다. 새로운 세금 신고 양식(Form 1099-DA)이 도입되어, 모든 디지털 자산 거래의 원천징수와 실시간 세무보고가 가능해졌다.

이 같은 디지털 세금징수 시스템은 미국 정부가 스테이블 코인과 디지털 달러 등 신흥 금융 인프라를 통제할 수 있는 제도적 기반을 제공한다. 동시에, 블록체인 기술의 투명성과 불변성은 조세 정의 실현과 국가 재정 건전성 확보에 기여한다. OECD 역시 2026년부터 암호자산 자동정보교환제도(CARF, Crypto-Asset Reporting Framework)를 도입해, 글로벌 차원의 디지털 세금징수 시스템을 구축하고 있다.

결국 밀란 보고서가 제시한 약달러 전략과 디지털 세금징수 시스템은 미국이 21세기 글로벌 경제 질서에서 지속적으로 패권을 유지하기 위한 쌍두마차라 할 수 있다. 약달러 정책은 수출 경쟁력을 회복시키고, 디지털 세금징수 시스템은 신흥 금융 환경에서의 조세 주권을 강화한다. 이 두 전략은 관세, 통화정책, 디지털 인프라가 유기적으로 결합된 새로운 미국 경제의 청사진이다.

2-5. 관세전쟁의 실체와 글로벌 경제 영향

트럼프 행정부의 대표적 경제정책 중 하나는 '관세전쟁'이다. 트럼프 대통령은 주요 무역 상대국, 특히 중국, 유럽연합, 캐나다, 멕시코 등과의 무역 불균형을 해소하고 미국 제조업을 보호하기 위해 대규모 관세 부과를 단행했다. 관세란 외국에서 수입하는 상품에 부과되는 세금으로, 수입업체가 정부에 납부하며, 그 비용은 종종 소비자에게 전가된다. 트럼프 행정부는 철강, 알루미늄, 자동차, 첨단기술 제품 등 전략적 품목에 고율 관세를 부과했고, 이에 맞서 중국 등 주요국도 보복관세로 대응하면서 글로벌 무역질서가 요동쳤다.

관세전쟁의 목적은 크게 세 가지로 요약할 수 있다. 첫째, 만성적 무역적자 해소이다. 미국은 오랜 기간 무역적자에 시달려 왔으며, 트럼프 대통령은 이를 '다른 나라에 약탈당했다'고 표현하며 강력한 관세정책을 정당화했다. 둘째, 미국 제조업의 부활이다. 관세를 통해 해외 생산의 유인을 줄이고, 미국 내 생산과 고용을 촉진하려는 의도였다. 셋째, 세수 확대와 전략적 협상력 강화이다. 관세를 통해 정부 재

정을 보강하고, 무역뿐만 아니라 이민, 안보 등 다양한 분야에서 상대
국의 양보를 이끌어내는 지렛대로 활용했다.

그러나 관세전쟁은 글로벌 공급망의 혼란, 국제무역 위축, 소비자
가격 상승, 기업 이익 감소 등 부정적 파장도 초래했다. 미국 내 일부
제조업체는 수혜를 입었으나, 원자재 가격 상승과 보복관세로 인한
수출 감소 등으로 전체 경제에는 복합적 영향을 미쳤다. 특히 미·중
무역전쟁은 양국뿐 아니라 전 세계 금융시장과 실물경제에 불확실성
을 증폭시켰다.

■ 관세의 이중적 기능

표면적 목적은 중국산 전기차·반도체 등 전략물품의 수입 억제이
나 그 뒤에는 숨겨진 목적이 있다. 즉 미 국채(Treasury Bond) 수요 창출
이다. 2025년 100% 관세로 중국의 대미 수출이 70% 감소하자, 중국
은 달러 매각을 통해 위안화 방어에 나섰다. 이 과정에서 중국이 보유
한 1조 달러 규모 미 국채가 시장에 유출되자, 연방준비제도(Fed)는 스
테이블 코인 발행사(테더·USDC)를 통해 국채를 매입하도록 압박했다.

스테이블 코인 발행 기반를 강화하면서 2025년 4월 기준 테더
(USDT)는 1,400억 달러 규모 미 국채를 보유해 17번째 큰 보유자로 부
상했다.

3. 달러 패권의 종말과 스테이블 코인

3-1. 미국 디지털 금융 전략

이춘근 국제정치 교수는 미국의 여러 매체를 소개하며 "중국의 부상에 맞서 미국과 중국의 인접국들이 반중(反中) 연대를 결성하며 아시아 지역에 치열한 안보 경쟁이 일어날 것"이라고 전망했다. 그는 "중국은 아시아에서 '고질라'가 되려 한다"며 "과거 미국은 독일 제국, 일본 제국, 나치 독일, 소련을 파괴한 데서 볼 수 있듯 잠재적 경쟁자를 용납한 적이 없다"고 말했다. 이어 "그동안 한국은 미·중 사이에서 중간적 포지셔닝을 해왔지만 안보 경쟁이 격화하면 한국은 미국 주도의 반중 연대에 동참할 것인지, 중국에 편승할 것인지 선택해야 한다"며 "힘든 결정 이겠지만 한국은 결국 미국과 손잡게 될 것"이라고 예측했다.

(참고자료 : 국립외교원 '광복 70주년, 한국 외교의 길을 묻는다'를 주제로 개최한 국제 콘퍼런스 이춘근 국제정치 아카데미 대표강연, 2015.10.25.)

3-2. ISO 20020과 USDT, USDC 스테이블 코인

ISO 20022는 국제표준화기구(ISO)가 제정한 금융 메시지 표준으로, 전 세계 금융기관 간 데이터 교환을 위한 공통 언어와 구조를 제공한다. 이 표준은 XML 등 구조화된 데이터 형식을 사용해 다양한 금융 비즈니스 영역과 거래에 대해 메시지 형식과 데이터 구조를 통일함으로써, 복잡하고 상이한 기존 메시지 체계를 하나의 통합된 방식으로 전환하는 것을 목표로 한다. 이러한 통합은 은행, 결제 네트워크, 핀테크, 암호화폐 등 다양한 주체가 동일한 메시지 언어로 상호 연결될 수 있도록 한다.

ISO 20022 표준은 기존 은행과 금융기관뿐 아니라 암호화폐와 스테이블 코인 등 디지털 자산의 결제 및 송금 시스템과도 연동될 수 있도록 설계되어 있다. USDT와 USDC는 ISO 20022 표준을 적용한 금융 네트워크와의 호환성을 높여가고 있으며, 이를 통해 은행, 암호화폐 거래소, 핀테크 기업 간 실시간 거래와 자동화, 그리고 자금세탁방지(AML) 및 고객확인(KYC) 등 규제 준수 절차가 한층 효율적으로 이루어질 수 있다. 또한, 스테이블 코인은 ISO 20022 기반의 금융 인프라와 연결될 때 전통 금융과 디지털 자산 간의 브리지 역할을 하게 되어, 송금과 결제의 속도와 투명성을 크게 향상시킬 수 있다.

한편, ISO 20022를 직접 내장한 블록체인 기반의 '준수 코인'(예: XRP, XLM 등)과 달리, USDT와 USDC는 해당 표준을 직접 채택한 것은 아니지만, 이를 지원하는 금융 네트워크 및 결제 플랫폼과의 연동을 통해 실질적인 호환성을 확보해가고 있다. 이러한 변화는 스테이블 코인이 전통 금융 시스템과 점차 융합되어 가는 흐름을 반영한다.

결국 ISO 20022는 글로벌 금융 메시지의 통일된 표준으로서, 스테이블 코인인 USDT와 USDC가 전통 금융 시스템과 효율적으로 통합될 수 있는 기술적·제도적 기반을 제공한다. 앞으로 ISO 20022 표준의 전면 도입이 확대됨에 따라, 스테이블 코인의 금융시장 내 역할과 영향력도 더욱 커질 것으로 예상된다.

3-3. 스테이블 코인 시장 성장 전망

스테이블 코인 시장 규모는 미국 국회의 스테이블 코인 관련 입법에 따라 크게 영향을 받을 것으로 보인다. 2028년에는 스테이블 코인 공급량이 약 10배 증가하여 2조 달러에 이를 것으로 예측된다. 이는 규제 명확화와 함께 미국 단기 국채에 대한 수요 증가를 동반할 것으로 보인다.

2030년에는 스테이블 코인 공급이 글로벌 법정화폐 대비 6배 증가할 것으로 전망된다. 이는 스테이블 코인이 금융 생태계에서 핵심적인 역할을 할 것임을 시사한 것이라 할 수 있다.

■ 관세전쟁이 성동격서에 비유되는 이유

성동격서(聲東擊西)는 동쪽에서 소란을 일으켜 적을 혼란스럽게 한 뒤, 실제 목표인 서쪽을 공격하는 병법이다. 최근 미국이 추진하는 무역 관세전쟁은 예상치 못한 국가나 상품에 무리하게 관세를 부과함으로써 글로벌 경제에 혼란을 초래하고 있다. 이런 관세 정책은 단기적으로 미국 내 일부 산업의 보호와 세수 증대 효과가 있지만, 장기적으로는 경제 성장 둔화, 고용 감소, 물가 상승 등 부정적 영향이 더 클 수 있다는 평가가 많다. 실제로 미국의 무역수지는 개선되지 않았고, GDP 성장률과 소비자 실질 소득이 하락하는 등 경제적 부담도 가중되고 있다.

이런 상황에서 미국 정부가 관세 정책을 전면에 내세우는 한편, 실제로는 달러 기반 스테이블 코인의 국제적 확산을 통해 달러의 기축통화 지위를 강화하려는 전략을 병행하고 있다고 필자는 믿는다. 트럼프 행정부는 스테이블 코인 규제와 제도화를 적극 추진하면서, 달러를 담보로 한 스테이블 코인 발행과 시장 확대에 힘을 쏟고 있다. 이는 스테이블 코인 준비금으로 미국 국채를 대규모로 활용함으로써, 기존에 외국 중앙은행이나 글로벌 금융기관이 담당하던 미국 국채 매입 수요를 스테이블 코인 시장이 대체하도록 유도하는 효과를 낸다. 실제로 테더(USDT), 서클(USDC) 등 주요 스테이블 코인 발행사가 미국 국채를 대량 매입하면서, 미국 정부는 자금 조달의 새로운 창구를 확보하고 있다.

이러한 전략은 관세 전쟁으로 불확실성이 커진 글로벌 경제 환경에서, 미국이 디지털 자산 시장과 스테이블 코인 생태계를 선점할 시간을 벌어주는 효과를 계산하고 있다. 관세 정책으로 인한 혼란은 월가 등 기존 금융권의 입지를 흔들고, 달러 기반 스테이블 코인의 국제 결제·준비자산화에 유리한 환경을 조성할 수 있다. 미국 정부는 스테이블 코인 시장의 성장과 함께, 달러의 글로벌 영향력과 국채 수요를 동시에 확대하고자 한다는 점에서, 스테이블 코인 전략을 달러 패권 유지의 핵심 도구로 삼고 있다고 본다.

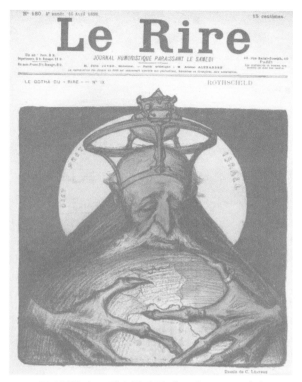

'로스차일드' : 프랑스 풍자 잡지(르 리트, Le Rite)의
1898년 반 유대주의 만평

트럼프의 속내는 미국 월가의 기존 종이돈 화폐권력의 기득권을
약화시키는 것이라 생각된다.

한편, 스테이블 코인이 높은 이자율을 제공할 경우, 전통 은행 예
금에서 자금이탈이 현실화될 수 있다는 우려도 제기되고 있다. 미국
재무부 등은 이로 인해 금융시스템 구조 변화와 은행권의 불안정성,
그리고 비달러권 국가에서의 통화 대체 현상까지 주목하고 있다. 유

럽, 중국 등도 자국 기반 스테이블 코인이나 디지털화폐 발행에 나서고 있지만, 미국이 달러 기반 스테이블 코인 시장에서 이미 압도적 우위를 점하고 있어 단기간에 이 흐름을 뒤집기는 쉽지 않을 것으로 보인다.

이처럼 미국은 무역 관세 정책이라는 외형적 압박과 함께, 스테이블 코인 제도화와 시장 확대라는 전략적 목표를 동시에 추진하고 있다. 관세 정책이 경제적 혼란과 불확실성을 유발하는 동안, 미국은 디지털 자산 시장에서 달러의 기축통화 지위를 더욱 공고히 하려는 복합적 전략을 펼치고 있다.

한국은 코인경제 리더 국가가 되어야 한다.
https://www.perplexity.ai/ 활용한 그림

3장. 한국의 블록체인 금융 전략과 대안

1. G3 도약을 위한 디지털 금융 강국 한국의 과제

■ 한국 후손들의 금융 50년 피지배를 막아라.

미국은 이미 코인 경제를 법적으로 제도화하며 글로벌 금융질서의 주도권을 강화하고 있다. 중국도 지속적으로 제3세계 국가들을 디지털 위안화권으로 묶어가고 있다. 이에 따라 한국 국민들은 앞으로 미국과 중국의 패권 싸움에서 자유로워질 수 없기 때문이다. 양국 중심의 새로운 세계질서에 종속될 위험에 직면하고 있다. 한국이 이러한 흐름에 능동적으로 대응하지 못한다면, 미래 세대는 또다시 50년간 금융 주권을 상실할 수 있다.

■ 글로벌 메가트렌드와 한국 금융의 전략적 기회

4차 산업혁명과 디지털 경제의 부상, 그리고 글로벌 금융질서의 재편은 한국 금융산업에 도전과 기회를 동시에 제공하고 있다. 블록체인, 인공지능, 빅데이터, 사물인터넷 등 첨단 기술이 금융서비스 혁신을 주도하고 있으며, 글로벌 경쟁력 확보를 위한 전략적 접근이 필수적이다. 한국은 IT 인프라, 인재, 혁신 역량 등에서 강점을 보유하고 있어, 블록체인 기반의 디지털 금융 혁신을 통해 글로벌 금융 강국으로 도약할 수 있는 잠재력을 지니고 있다. 미국, 중국, 유럽 등 주요국과의 기술 협력과 규제 혁신, 그리고 글로벌 표준화 주도는 한국 금융의 전략적 기회를 극대화하는 핵심 요소로 작용한다.

■ G3 도약을 위한 디지털 금융 강국 비전

한국이 G3(Global Top 3) 금융 강국으로 도약하기 위해서는 디지털 금융 인프라의 고도화, 블록체인 기반 금융서비스의 확산, 글로벌 경쟁력 강화가 필수적이다. 이를 위해 정책적 지원과 규제 혁신, 금융과 기술의 융합 생태계 조성, 인재 육성 등이 유기적으로 결합되어야 한다.

한국이 G3 금융 강국으로 도약 염원

특히 Web3와 블록체인 기반의 디지털 자산, 분산금융(DeFi), NFT, DAO 등 혁신적 모델의 적극적 도입과 실험적 환경 조성이 중요하다. 글로벌 금융시장과의 연계, 해외 선진 금융 모델의 벤치마킹, 기술 주권 강화와 독립적 생태계 구축 등은 한국 금융의 미래 경쟁력을 좌우하는 핵심 전략이다.

■ 지속가능한 블록체인 생태계 구축을 위한 정책 체계

글로벌 금융시장은 이미 블록체인과 디지털 자산, Web3 기반의 혁신 경쟁이 본격화되고 있다. 미국, 유럽, 싱가포르, 홍콩 등은 스테이블 코인, 디지털 결제, 분산금융 등 다양한 분야에서 선도적 모델을 구축하고 있다. 한국은 이러한 해외 선진 사례를 적극적으로 수용하고, 자국 실정에 맞는 혁신적 모델을 개발해야 한다. 특히 스테이블 코인과 디지털 달러 기반 결제, 글로벌 송금, 자산 토큰화 등은 한국 금융산업의 글로벌 경쟁력을 강화할 수 있는 핵심 분야다. 규제와 산업 진흥의 균형, 실험적 환경 조성, 민관 협력 강화 등은 혁신 생태계 조성의 필수 요소다.

2. 대한민국의 G3 목표와 가능성

■ 대한민국의 저력은 인본주의와 문화 역량

대한민국의 가장 큰 저력은 인본주의에 뿌리를 둔 문화적 역량에 있다. 이 문화적 기반은 '홍익인간'이라는 건국이념과 '함께 잘 살자'

는 인본주의 철학에서 비롯된다. 홍익인간은 모든 문명과 제도가 인간을 위해 봉사해야 한다는 원칙을 천명하며, 나눔과 배려, 이타적 삶을 강조한다. 우리 민족은 침략의 역사가 없으며, 평화 정신과 불굴의 자존심을 통해 인간성 회복의 상징적 가치를 보여준다. 이러한 문화적 특성은 대한민국이 세계적으로 신뢰받는 국가로 성장하는 데 중요한 역할을 한다.

미래 블록체인 화폐 부자된 한국 시장

■ 한글의 우수성과 글로벌 소통력

대한민국은 세계 문자올림픽에서 1위를 차지한 한글을 보유하고 있다. 한글은 과학적이고 체계적인 소리문자로, 배우기 쉽고 다양한 소리를 표현할 수 있어 세계적으로 그 우수성을 인정받고 있다. 실제로 2020년 제2회 세계 문자올림픽에서 한글은 27개국 문자 중 1위를 차지했으며, 이 성과는 한글이 글로벌 소통의 강력한 도구임을 입증한다. 각국 학자들이 한글의 우수성을 인정하고, 한글 보급을 위한 노력을 확대하고 있다는 점도 주목할 만하다.

■ K-컬처와 평화 메시지의 확산

K-POP을 비롯한 K-컬처는 전 세계적으로 평화와 공존의 메시지를 전파하며, 인류를 하나의 평화 공동체로 연결하는 역할을 하고 있다. 대한민국의 문화 콘텐츠는 글로벌 신뢰를 쌓는 데 크게 기여하고 있으며, 한국의 평화정신과 창의성, 개방성이 국제사회에서 긍정적으로 평가받고 있다.

■ 글로벌 블록체인 신뢰사회와 한국의 리더십

현재 세계는 신뢰 기반의 새로운 국제 질서를 모색하고 있으며, 블록체인 기술과 토크노믹스(Tokenomics)가 그 중심에 있다. 글로벌 신뢰사회를 구축하고, 디지털 경제의 핵심인 토크노믹스를 이끌어 갈 리더 국가가 필요한 시점이다. 대한민국은 인본주의 철학, 문화적 저력, 그리고 한글과 K-컬처를 통한 글로벌 소통력 등 강점을 바탕으로 블록체인 신뢰사회 구축의 선도국가가 될 수 있는 잠재력을 가지고 있다.

■ 대한민국의 G3 도약 가능성

대한민국은 인공지능, 블록체인 등 첨단 기술 역량과 문화 소프트 파워를 결합해 글로벌 G3, 즉 세계 3대 강국 수준의 디지털 금융 및 신뢰사회 리더십을 실현할 수 있는 기반을 갖추고 있다. 정부는 AI, 디지털 인프라, 인재 양성 등 국가 역량을 총동원해 글로벌 경쟁력을 강화하고 있으며, 이러한 노력이 결실을 맺는다면 대한민국은 미래 디지털 경제와 신뢰사회에서 핵심적인 역할을 수행할 수 있을 것이다. 이를 위해서는 다음과 같이 웹3 대중화와 인식을 높여야 한다.

- 웹3는 블록체인, 스마트 컨트랙트, DAO, NFT, 디파이등을 포함하여 인터넷의 차세대 구조를 형성하고 대중의 이해와 접근성을 높여야 한다.

- 대중교육및 인식 확산 캠페인 등을 통해 대학, 공공기관, 민간 기업 주도로 기술 및 철학을 홍보해야 한다.

- 그리고 웹3 및 블록체인 개발자를 양성하기 위한 전문 교육 과정을 개설해야 한다.

- 기술의 실생활 적용 사례를 확대하기 위해 블록체인 기반 인증, 결제 서비스 등 체감 가능한 사례를 제공할 수 있도록 한다.

- 외국의 예를 들면 일본은 스테이블 코인을 "전자결제 수단"으로 법으로 정의하고, 라이선스 기반 관리를 도입하고,

- 미국은 디지털 자산 규제법안을 통해 스테이블 코인을 글로벌 금융 시스템에 통합하려 추진하고 있다.

- 싱가포르 통화청은 스테이블 코인 발행 기준을 마련하고 있다.

- 이제 한국은 스테이블 코인의법적 정의 및 중앙은행 디지털화폐 (CBDC)와의 병행 여부 등을 연구하고,

- 사용자 보호 체계 구축을 위해 KYC와 AML 즉 자금세탁 방지 등을 구현해야 한다.

- 그리고 스테이블 코인을 활용한 국경 간 결제 및 디지털 금융 혁신에 참여할 수 있도록 해야 한다.

■ 커뮤니티 구성 및 비즈니스 모델 설계

- 안정적인 웹3 생태계는 강력한 커뮤니티 결속력을 기반으로 한다. 이를 위해 DAO(탈중앙화자율조직) 기반 협업 모델 도입

- 오픈 소스 커뮤니티 육성을 통해 창의적인 프로젝트 유치

- 참여자를 재정적으로 보상하거나 NFT 제공한다.

- 블록체인 트릴레마(확장성, 안전성, 탈중앙화 간의 균형) 기술적 문제를 해결

- 스마트 컨트랙트 및 디앱(Dapp) 취약점 보완

- 데이터 주권 및 사용자 정보 보호 법령 마련하고, 향후의 규제 변화에 유연하게 대처할 수 있는 표준 개발

- 디파이(DeFi)를 활용한 신뢰 금융 시스템 구축

- 소액결제, 국제 송금 서비스 등 글로벌 금융 인프라와의 통합 촉진

- ESG(환경, 사회, 지배구조)와 블록체인기술의 연계를 통한 지속 가능한 비즈니스 모델 설계

- 문제점 및 리스크 대비

- 웹3 기반 금융 비즈니스 확산

3. 한국 정부가 해야 할 블록체인 화폐 육성정책 제언

한국 정부는 2017년 이후 블록체인 화폐(가상화폐) 산업을 금융 제도권에서 격리시키며 강한 규제를 유지해왔다. 하지만 미국 트럼프 행정부의 규제 완화와 디지털 자산 제도화 움직임 등 글로벌 환경 변화로 정책 전환이 필요한 시점이다. 이러한 조치가 이뤄지면 한국은 2030년까지 글로벌 블록체인 화폐 시장 점유율을 현재 7%에서 15%로 끌어올릴 수 있다. 핵심은 "규제 틀은 유지하되 유연하게 적용"하는 전략이다. 블록체인 화폐 산업 활성화를 위해 한국이 취해야 할 몇 가지 핵심 전략을 제언한다.

■ 제도권 진입 장벽 완화

실명계정 규제를 개선해야 한다. 현재 1거래소에 1은행 실명계정 제도를 다중 은행 연결로 전환해 금융 리스크를 분산시키고 신규 은행의 시장 진입을 촉진해야 한다. 그리고 기업·기관 투자 확대를 유도해야 한다. 2025년 6월 예정된 '기업 블록체인 화폐 거래 허용' 정

책을 모든 법인으로 확대해야 한다. 현재 비영리단체와 상장사만 허용된 것을 일반 기업까지 포함시키고, 외국인 투자자에게도 실명 계정 기반 접근을 개방할 필요가 있다.

■ 과도한 거래 제한 해제

코인마켓 평가에서 상위 100위 내에 들어가는 코인 중에 한국 국적의 코인이 하나도 없다는 것은 한국 정부의 정책이 얼마나 비 생산적인지 단적으로 보여 준다.

- 상장 코인 기준 변경 : 시가총액 상위 20개 코인만 허용하는 현행 규정을 유틸리티·기술력 평가 체계로 바꿔야 한다. 스마트 계약 플랫폼, 분산ID 등 실생활 연계성 높은 프로젝트에 가점을 부여하는 방식이 적합하다.

- 일일 매도량 제한 조정 : 10% 매도 한도를 변동성 지수에 따라 유동적으로 조절하는 시스템을 도입하고, 기관 투자자에게는 한도를 완전히 철폐해야 한다.

■ 세제 · 법적 체계 개편

- 양도세 유예 확대 : 2028년으로 예정된 20% 양도세 도입을 2030년까지 미루고, 그동안 블록체인 화폐 결제·송금 수수료에 대한 세금 감면을 시행한다.

- ICO 재개 : 2017년 이후 금지된 ICO를 엄격한 심사(기술 백서 검증, 자금 사용 계획 공개)를 통해 허용한다. 전자문서 관리·의료 기록 시스

템 등 공공 프로젝트는 샌드박스로 시범 운영한다.

■ 산업 인프라 강화

- R&D 투자 확대 : 정부 주도로 '블록체인-인공지능 융합 연구센터'를 설립해 스마트 계약 자동화와 DeFi 프로토콜 개발에 집중한다. 2020년 이후 제기된 한국블록체인협회의 전략을 업그레이드해 Web3.0 생태계를 구축한다.

- 거래소-은행 협업 시스템 : 하나의 거래소가 여러 은행과 실명 계정을 연결할 수 있도록 제도를 개선한다. 2020년 K-Bank와 Upbit의 협업 사례를 확대 재현한다.

■ 국민 인식 개선 전략

- 용어 재정립 : '암호화폐' 대신 '블록체인 화폐'를 공식 용어로 채택해 기술 중립적 이미지를 만든다. 금융위 주도로 메타버스 체험관 등 교육 프로그램을 운영해 2030년까지 국민 이해도 70%를 달성한다.

- 공공기관 시범 도입 : 2025년 내무부 주민등록 시스템과 국세청 세금 납부에 블록체인 화폐 결제를 시범 적용해 기술 신뢰성을 높인다.

■ 글로벌 트렌드 대응 방안

미국의 '전략적 비트코인 비축 계획'과 SEC 규제 완화 흐름에 맞춰 다음을 실행한다.

- 디지털자산특별법 제정 : 블록체인 화폐를 '디지털상품'으로 분류해 기존 법령 적용 모호성을 해소한다.

- CBDC와 연계 시스템 개발 : 한국은행의 CBDC 파일럿을 확대해 블록체인 화폐와의 상호 교환 체계를 구축한다.

- 국제 협력 강화 : FATF 가이드라인에 맞춰 AML 시스템을 개편하고, 싱가포르·두바이와 규제 협정을 체결한다.

■ 소비자 보호와 투자자 격려 병행 정책 긴요

사실 이 문제는 상충되는 주제로 간단치 않다. 그러나 양 측면을 적극적으로 육성하는 지혜가 필요하다. 한국의 블록체인 및 가상자산 정책은 투자자 유치와 시장 활성화에 유연하게 대처하는 것이 필요하다. 과도한 소비자 보호에 너무 치중하다 보면 정작 국가적인 큰 산업육성은 후진성을 벗어날 수 없다. 특히 우리나라 담당부처의 책임을 지지 않는 자세다. 소위 '그림자규제'라는 비겁한 방법으로 안일한 규제만 반복해 글로벌 수준의 발전을 가로막고 있을 뿐 아니라 젊은 인재들이 해외로 팔려나가게 하는 인재손실의 원인제공을 하고 있다. 금융 벤처기업들을 육성하는 지원 정책도 실질적으로 도움이 될 수 있도록 해 주어야 한다. 이러한 경직성이 기업과의 협력 기회를 잃고 있다. 금융당국의 다각적인 개선이 시급한 상황이다. 현재 정부정책의 문제점과 개선 방향을 다음과 같이 정리하였다.

■ 거래소 중심의 불균형 성장

국내 블록체인 산업의 70% 이상이 거래소에 집중되어 있으며, 개발·서비스 분야로의 자본 유입은 미미하다. 이는 정부가 거래소 규제에만 집중하면서 혁신 생태계 조성을 소홀히 한 결과이다.

실명계좌 발급 기준의 불공정성(기존 대형 거래소만 허용)은 중소 거래소의 시장 진입을 막아 경쟁 격차를 심화시켰다.

또 고객 자금과 운영 자금의 분리 보관 의무화, 해킹·파산 시 피해 보상 제도 도입이 시급하다. 미국 SEC는 거래소의 자금 분리와 정기 감사를 의무화하며 소비자 신뢰를 확보하고 있다.

■ 글로벌 표준과의 괴리

미국·EU는 스테이블 코인 발행사의 준비금 공개, 디지털 자산 분류 체계(결제·유틸리티·증권형) 등을 명확히 규정하며 투명성을 강화하고 있다.

싱가포르와 홍콩은 소비자 보호와 혁신 간 균형을 이루는 「디지털 자산 서비스 라이선스」를 도입한 반면, 한국은 2024년 가상자산 광고 전면 금지 등 과도한 규제로 시장 위축을 초래했다.

■ 실험적 규제 환경 조성

규제 샌드박스 확대를 통해 블록체인 기반 결제·대체투자·자산 토큰화 서비스를 시험할 수 있도록 해야 한다. 디지털 자산을 결제·유틸리티·증권형으로 명확히 구분하고, 각 유형별 소비자 보호 기준을 마련해야 한다. 예를 들어, 증권형 토큰(STO)은 「자본시장법」을 적용해 사기 방지 장치를 강화할 필요가 있다.

영국은 2023년 「디지털 증권 샌드박스」를 도입해 150개 이상의 프로젝트를 지원하며 시장 성장을 주도했다. 전문가들은 다음과 같은 혁신과 보호의 균형을 위한 3대 과제를 주문을 하고 있다.

- 소비자 중심의 규제 프레임워크 : 자금세탁 방지(AML), 거래 투명성 강화, 피해 구제 제도 구축

- 산업 생태계 다각화 : 거래소 외 개발·인프라·서비스 분야에 대한 R&D 투자 확대

- 국제 협력 강화 : BIS(국제결제은행), FSB(금융안정위원회)와의 정책 협의를 통해 글로벌 표준 선점

한국은 블록체인 기술의 경제적 잠재력을 활용하기 위해 단순한 투자 유치에서 벗어나, 소비자 보호와 기술 혁신을 동시에 추진하는 전략으로 전환해야 한다. 그러면 금융 주권을 확보하고 글로벌 디지털 경제의 리더로 도약할 수 있을 것이다.

■ 글로벌 소프트 파워는 원교근공으로

서울대 김태우 교수는 한국의 기본적인 국가 전략은 강소국에 맞는 캔들버거 전략이라고 하며 다음과 같이 요약하였다.

중진국 국제 관계가 원교근공(遠交近攻)에서 보안과 경쟁으로 나라로 갈려진다. 서로 없는 기술을 주고 받고 이런 건 원교 관계에 해당하는

것이다. 원교의 대상은 일본과 EU와 경쟁하고 있는 미국이다. 즉 1등과 3등이 협력해서 2등을 협공하는 전략이다.

일본과 중국은 한국과 상호간에 호혜 관계에 있어야 한다. 그러나 우리나라 제품 중에 소비자가 가장 전 세계 보편적으로 인정하는 상품이 두 개 있다면 하나는 삼성 스마트폰이과 현대자동차이다. 그러나 중국과 일본에서 삼성 스마트폰하고 현대자동차에 시장 점유율이 매우 낮다. 이것은 중국하고 일본이 우리 근공의 대상으로 엄청나게 옥죄고 있다는 사실을 말한다. 그래서 우리가 이 관계를 잘 계획해서 한중일간에 아주 그 좋은 관계를 만들기 위해 상호협력적으로 움직여야 되지 한국만 착해서는 안된다.

영국의 산업혁명 기반은 장자우선 상속제도를 운영하여 산업을 일으킬 수 있는 규모의 경제기반을 만들었기 때문이라고 한다. 우리도 안전과 무탈만을 내세울 것이 아니라 장래 국가발전에 필요한 블록체인 화폐경제를 집중육성하는 정책이 절실하다,

■ 조국을 위해 헌신한 선조들을 본받자

진주성의 대첩의
곽재우 장군

임진왜란 때의 의병장 곽재우(郭再祐 : 1552~1617)는 황해도 관찰사 월(越)의 아들로서 임진왜란이 일어나서 여러 고을이 연이어 함락되고, 임금이 의주로 피난하자, 경상도 의령에서 의병을 일으켰다. 왜적들이 동래·부산을 휩쓸어 거침없이 침략의 발길로 우리를 괴롭힐 때 여러 고을의 수령들이 싸울 생각을 잊은 채 도망가기에 바빴고, 백성들은 도탄에 빠져들어 갔다.

곽재우는 먼저 조상의 사당에 마음먹은 바를 아뢰고, 조상들의 무덤이 훼손당할 것에 대비해 봉분을 없애고 집안 살림은 의병을 모으는데 썼다. 왜구들이 낙동강을 오르지 못하도록 길을 막아 끝까지 의령을 지켰다. 그래서 경상좌도의 여러 고을이 왜구의 발길에 짓밟히지 않고 생업을 이을 수 있게 되었다. 그는 붉은 옷을 입고 선두에 서서 싸워 많은 공을 세워서 홍의장군이란 별명이 붙었다.

그때 '해전에는 이순신 장군, 육전에는 곽재우 장군'이라고 할 만큼 큰 공을 세웠고 진주성의 대첩에도 큰 공을 세운 문관출신 장군이다.

조선의 대표
독립운동가
신채호

또 독립운동가 신채호(申采浩 : 1880~1936)는 일제강점기 조선의 대표적 독립운동가이자, 민족주의 사학의 선구자이다. 언론, 계몽, 무장투쟁, 역사연구 등 다방면에서 조국 독립과 민족의식 고취에 헌신했으며, 옥중 순국으로 일생을 마쳤다. 신채호는 독립협회 활동으로 투옥되기도 하고 조소앙과 친일매국노 성토문을 작성하고 시위도 벌였다. 그리고 「황성신문」, 「대한매일」 등에 강직한 논설을 실어 독립정신을 북돋우었다. 1928년 대만에서 체포되어 여순 감옥에 수감, 1936년 옥중에서 순국했다. 그가 늘 주장했던 바는 "현실에서 도피하는 자는 은사(隱士)이며, 굴복하는 자는 노예이며, 격투하는 자는 전사(戰士)이니, 우리는 이 삼자 중에 전사의 길을 택해야 한다"는 것이 그의 지론이었다.

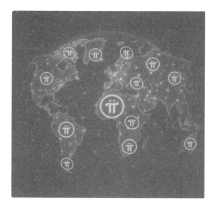

Global Pi Network

홍채인식 도구 Orb

소비가 투자 KN541

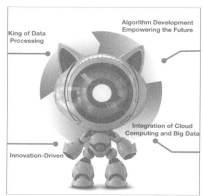

금융 Ai Takwin

4장. 최신 트렌드의 성공적 비즈니스 모델

1. 대중 참여형 디지털 경제 모델, Pi Coin

1-1. 파이코인의 개요 요약

Pi Network는 모바일 기반의 대중 참여형 채굴 시스템을 통해 누구나 쉽게 디지털 자산을 획득하고, 다양한 경제활동에 참여할 수 있는 혁신적 모델을 제시한다. Pi Coin은 블록체인 기술을 기반으로 하면서도, 복잡한 장비나 고비용 없이 스마트폰만으로 채굴이 가능하도록 설계됐다.

Pi 생태계는 사용자 중심의 신뢰 네트워크 구축, 분산화된 거버넌스, 실물 경제와의 연계 등 다양한 혁신 요소를 포함하고 있다. Pi Coin은 결제, 송금, 거래, 디지털 콘텐츠 유통 등 다양한 분야에서 실질적 가치를 창출하며, 글로벌 경제에서 신뢰할 수 있는 디지털 화폐로 부상하고 있다. 특히, Pi Network는 경제적 소외 계층에게도 금융 접근성과 기회를 제공하여, 경제적 불평등 해소와 포용적 성장에 기여할 수 있는 잠재력을 지닌다.

1-2. 모바일 마이닝 혁명

파이코인(Pi Network)은 에너지 효율적 합의 알고리즘으로 스마트폰에서의 채굴을 가능케 했다. 2025년 2월 기준 230개국에 약 5,500

만 사용자가 참여했으며, 한국은 노드 운영 국가 1위_(전체의 19%)를 기록했다. 기술적 특징은 다음과 같다.

- 스텔라 합의 : 초당 5,000TPS 처리 가능

- 크로스체인 기능 : 이더리움 · 솔라나 등 7개 체인과 호환

- KYC/KYE 시스템 : 2025년 3월 기준 약 1,900만 명 검증 완료

1-3. 생태계 확장 전략

파이 네트워크는 2025년 2월 20일 메인넷 정식 출시를 통해 본격적인 온체인 경제를 시작했다. 주요 전략은 다음과 같다.

■ 실생활 적용 사례

- 물리적 POS 시스템 : 29개국 12만 대 설치(한국 3,500대)

- 파이 체크카드 : Visa와 협력해 2025년 4월 출시

- 스테이블 코인 연동 : USD-Pi 발행으로 1:1 페깅 시스템 구축

■ 시장 영향력 전망

2025년 5월 기준 상장 거래소는 OKX 등 12개소이며, 1Pi = $1.2 ~1.5 구간에서 거래되고 있다. 전문가들은 2026년까지 다음 목표치를 전망한다.

지표	현재	2026 목표
월간 거래량	7.8억$	45억$
디앱 생태계	1,240개	5,000개
글로벌 결제점	29개국	100개국

1-4. 전 세계가 쓰는 디지털화폐의 출현

기존의 통화 시스템은 국제은행간통신협회(SWIFT)를 통해 국가 간 송금이 이루어지며, 이로 인해 수수료가 많이 발생하고 송금 시간이 지연되는 문제가 있다.

이러한 문제를 해결하기 위해 최초로 나온 코인은 리플(Ripple, XRP)이다. 이후 리플에서 하드포크(Hard Fork)하여 스텔라 루멘(Stellar Lumens, XLM)이 나왔다. 스텔라 루멘은 리플 공동 창업자인 제드 맥칼렙(Jed McCaleb)이 개발하였으며, 2019년 IBM 블록체인 월드와이어(IBM Blockchain World Wire) 기업에서 글로벌 72여 개국에서의 금융 결제에 스텔라(XLM)를 사용함으로써 영향력이 커졌다.

파이코인은 국제 송금 및 결제 시스템을 지원하는 암호화폐를 지향한다. 파이 네트워크는 이렇게 금융 제도권에서 검증된 스텔라합의(Stellar Consensus Protocol)방식을 도입하였다. 기존의 비트코인(BTC)과 이더리움(ETH)의 문제점을 보완하고, 일상적으로 사용할 수 있는 디지털 통화를 만들기 위해 탄생 되었다.

Pi Network는 핸드폰에서 채굴할 수 있는 최초의 디지털 통화로 2019년 3월 14일에 출시되었다. 사용자 파이안(Pi coin을 사용하는 전 세계 사용자들 Pian, 파이안, 공저자 주)들은 파이네트워크 앱을 설치하여 전 세계에서 가장 널리 사용될 디지털화폐인 파이코인을 채굴할 수 있다. 안드로이드폰과 아이폰 모두에서 무료로 앱을 내려받은 후 가입하여 채굴할 수 있다.

파이코인은 블록체인 기술을 기반으로 만든 암호화폐로 전 세계적으로 1억 명 이상의 앱 다운로드 사용자와 6,000만 명에 육박하는적극적인 채굴 사용자를 보유하고 있다.

파이코인은 탈중앙화된 암호화폐로, 특정 기업이나 조직에 의해 통제되지 않고, 전 세계 어디에서나 사용이 가능하며, 송금 수수료가 저렴하다. 이러한 특징 때문에 파이코인은 출시 이후 시장에서 큰 관심을 받고 있다.

파이네트워크를 설립한 초창기 가장 중요한 개발자 3명을 소개한다. 니콜라스 코칼리스(Nicolas Kokkalis)는 노벨상 84명을 배출한 세계 최고의 명문 대학 중 하나인 미국 스탠퍼드(Stanford) 대학교에서 박사 학위를 받았다. 초기 박사 과정에서 내결함성 분산 시스템에 대한 스마트계약을 작성하기 위한 프레임워크를 만들어서 논문으로 게시했다. 스마트계약에 관한 해박한 지식을 소유한 것으로 보인다. 스탠퍼드 최초의 분산 응용 프로그램 수업 강사로 활동했고, 스탠퍼드 대학교에서 컴퓨터과학 부서의 박사후과정 학자가 되었다. 박사후과정의 하나로 스탠퍼드에서 온라인 게임 플랫폼인 게임볼라(Gameyola)를 만든 것으로 알려져 있다. 또한 스탠퍼드 내의 비영리 스타트업 커뮤니티라고 할 수 있는 StartX25)의 CTO(최고 기술 책임자) 출신이기도 하다.

그는 학부 시절에 새로운 컴퓨터 마더보드를 설계하고 제작하였으며, 박사 과정에서 이더리움이 탄생하기 이전에 스마트 컨트랙트를 작성하는 프레임워크를 개발하여 MS논문으로 발표했었다. 그는 스탠퍼드 대학 컴퓨터 공학부에서 분산 응용 프로그램 CS359B를 가르쳤으며, 스탠퍼드 대학 학생들을 위한 비영리 스타트업 액셀러레이터인 스타트엑스(StartX)의 창립 최고기술경영자로 활동하여 2천여 명이 넘는 기업가를 지원했다.

니콜라스 코칼리스는 암호화폐의 기술적, 재정적, 사회적 잠재력을 믿고, 이 한계를 극복하고 블록체인의 힘을 더 많은 사람들에게 전달하기 위해 최선을 다하고 있다. 앞으로 새로운 블록체인의 개발 프로세스를 거꾸로 뒤집는 사용자 중심의 디자인 철학을 토대로 파이 네트워크를 구축하고 있다.

함께 일하는 청디아오 판(Chengdiao Fan)은 소셜 컴퓨팅을 활용하는 전산 인류학의 스탠퍼드 박사 학위를 받았다. 스탠퍼드 대학에서 인류 과학 분야에서 인간 행동 및 인간 그룹 연구에 대한 전문 지식을 쌓았다. 연구 관심 분야는 인간과 컴퓨터의 상호작용 및 소셜 컴퓨팅, 특히 기술을 사용하여 인간의 행동과 사회에 긍정적인 영향을 주는 방법에 중점을 두는 것이다. 생산성을 향상시키고 소셜 커뮤니케이션을 확장하며, 미확보 소셜 자본을 사람들에게 제공하는 소프트웨어 시스템 설계에 관한 일에 해박한 지식을 가진 것으로 알려져 있다. Pi Network의 모기업인 SocialChain26의 대표이사로 등재되어 있다. 영어와 중국어가 능통하며 과학자, 엔지니어이며 니콜라스 코칼리스의 아내이다.

　파이코인의 본사는 미국 캘리포니아주 산타클라라 군에 속한 도시 서니베일(Sunnyvale)에 있다. 로스앨토스, 산호세, 쿠퍼티노, 마운틴뷰, 산타클라라와 접하고 있다. 실리콘밸리의 일부로 많은 세계적인 기업들이 본사를 두고 있는 곳이다.

　실리콘밸리는 구글을 비롯한 빅테크 기업과도 가깝고, 실리콘벨리에 있는 대규모 암호화폐 거래소와도 지리적으로 가까워서 협업하기 쉽다. Pi Network는 오픈메인넷 전에 스텔라 스마트컨트랙트 소로반(Soroban)을 장착할 가능성이 매우 커 전 세계에서 가장 빠른 속도로 스마트계약을 처리하고, 널리 사용되는 디지털화폐로 사용될 가능성을 앞당기고 있다.

StartX: https://startx.com/ 구글 번역 후 보정

빈센트 맥필립(Vincent McPhillip)은 스탠퍼드 대학에서 가장 큰 블록체인 그룹인 블록체인 컬렉티브(Blockchain Collective)의 공동 설립자로 알려져 있다. 초기에 니콜라스 코칼리스, 청디아오 판과 설립 후 왕성한 활동을 하다가 현재는 퇴사 후 자기 사업을 하는 것으로 알려진다.

파이 네트워크 창립자 부부

파이네트워크는 현재 Pi Network의 모회사 격인 SocialChain의 대표이사로 청디아오 판이, Pi Network의 기술책임자로서 니콜라스 코칼리스가 역할을 분담하여 파이코인이 전 세계 디지털화폐로서 가장 널리 사용되고 채택되게 하기 위해 분주히 역할을 수행하고 있다.

1-5. 디지털화폐의 진화

Pi Network 개발진을 파이 코어팀(Pi Core Team)이라고 부른다. 한국인 개발자도 참여하는 이 팀은 파이코인을 전 세계 디지털화폐로 사용하기 위한 기반을 만들기 위해 설립 이후 현재까지 개발에 매진해

오고 있다.

개발에 참여하는 기술진들도 1억 명이 넘는 Pian(파이안)이 앱을 설치하고 이용함에 따라 계속 충원되고 있으며, 전 세계 거의 모든 국가와 지역에 진출한 파이네트워크의 커뮤니티가 활성화되도록 돕는 역할을 하는 '모더(Moderator)'라고 불리는 분들이 51개 언어로 번역되어 서비스 되는 파이챗 방에서 활동하고 있다.

파이코인은 Pi Network(파이코인을 채굴하는 앱)에서 전 세계 거의 모든 언어로 번역되어 국가별로 선택해서 사용할 수 있고, 언어 장벽을 허물 수 있다는 장점 때문에 전 세계 거의 모든 국가와 지역에서 채굴되고 있다. 현재 파이코인을 화폐처럼 사용할 수 있는 사용자는 KYC를 통과하고, Pi Browser(파이코인을 쓰는 앱)에서 지갑(Wallet.pi)에 파이코인이 이동되어 실제 쓸 수 있는 파이가 있는 사람들이다. 1억 명이 넘는 전 세계 앱 설치 사용자, 적극적으로 파이코인을 채굴하는 5,000만 명이 넘는 사용자, 이 중에 현재 500만 명 이상이 KYC를 통과하고 330만 명이 넘는 사람이 지갑에 파이를 받은 것으로 알려져 있다.

파이코인을 지갑으로 받은 사용자들은 개인 대 개인, 개인 대 자영업자, 개인 대 기업, 기타 다양한 방법으로 거래를 하면서 파이코인을 사용하고 있다. 현재는 메인넷(파이코인을 전 세계 금융시스템에서 사용하기 위한 시스템)이 설계되어 있으나 방화벽으로 막아놓은 폐쇄형 메인넷 단계에서 파이코인을 사용하고 있다. 이 단계에서 파이코인의 자유로운 사용이 가능하나 거래 금지 품목(법정화폐로의 교환, 불법 상품 및 서비스, 도박, 기프티콘 및 카드)이 존재한다. 이를 어기고 거래할 시 계정이 정지되고 지갑이

120년간 동결될 수 있다.

그리 멀지 않은 시간에 오픈메인넷이 시작되면 파이코인을 법정화폐로, 다른 메이저 암호화폐로 교환이 가능할 것으로 예상된다. 또한 세상에 존재하는 모든 재화와 서비스를 파이코인으로 거래하는 시대가 올 것이다. 파이를 소유하는 파이안들이 기하급수적으로 늘어날 것이고, 법정화폐의 인플레이션을 이기지 못한 전 세계 사람들이 인플레이션을 견디고 화폐로서의 기능도 수행할 유일무이한 파이코인의 가치를 알아볼 것이기 때문이다.

전 세계 금융의 트렌드가 비트코인과 이더리움, 주요 암호화폐를 선물이 아닌 현물 ETF로 거래할 수 있는 시작 단계로 접어들었다. 그동안 암호화폐에 대한 시각이 반신반의에서 이제 확고한 자산으로 인식되고, 이를 거래하는 방법도 선물이 아닌 현물 방식으로 전환되고 있다. 현물 방식으로 거래가 전환되는 단계에서 금융 기관은 실제로 암호화폐를 소유해야 하므로 그 가치가 상승하게 될 수밖에 없다.

또한 암호화폐 거래소뿐만 아니라 현물 ETF를 취급하는 모든 거래서에서 비트코인과 이더리움과 같은 암호화폐를 거래할 수 있게 된다. 이는 암호화폐 거래소 이용에 심리적 거리감을 느꼈던 투자자들이 쉽게 암호화폐를 거래할 수 있게 돼 암호화폐의 대중화를 앞당길 것이다. 미국 키오스크에서 달러나 암호화폐로 햄버거를 사 먹고, 호주에서 급여를 비트코인으로 받는 세계적인 트렌드를 거스를 수는 없다.

암호화폐가 기존 화폐를 대체하는 화폐로서 사용되는 시대에 어떤 암호화폐가 선두를 달릴 것인가하는 궁금증은 글러벌 전체의 뜨거운 잇슈이다. 전 세계 어디서나 스파트폰을 사용하는 사람이라면 파이 코인을 받을 수 있고, 지갑을 사용하여 파이코인으로 재화나 서비스를 구매할 수 있다. 세계 어디에서든 파이코인을 쉽게 전송하고 받을 수 있기 때문에 많은 사람들이 파이코인을 세계에서 가장 널리 사용되는 디지털 화폐로 인지하는 시점이 도래했다. 오픈메인넷 시점에서는 사용자가 폭발적으로 늘어나는 것을 목격하게 될 것이다.

파이 네트워크는 미국 유명 대학들의 해커톤 행사에 주요 후원자로 참여하고 있다. 하버드대학교, 아이콘 UC 버클리, 코넬대학교, Stanford 대학교에서 파이 네트워크 설명회, 취업박람회 등을 개최하였다. 이러한 활동은 파이코인 기반 경제 모델인 파이노믹스의 탄생을 예고하는 중요한 이벤트로 기록될 것이다.

파이코인은 후오비를 비롯한 몇몇 거래소에 IOU('I Owe You'의 약자로 아직 시장에 풀리지 않은 일정량의 코인을 미리 사고, 파는 것을 말한다.) 형태로 거래되고 있다. 코어팀은 폐쇄형 메인넷 기간 동안 실제 파이의 상장은 불가능하다고 공지한 바 있다. 트론 창립자이자 후오비 글로벌 지분 60%를 인수한 것으로 알려진 저스틴 선은 파이코인이 오픈 메인넷 후 실제 파이를 거래소 이용자들에게 지급할 수 있다고 공언한 바 있다.

파이코인 백서에 따르면 파이코인의 총 발행량은 1,000억 개다. 이 중 200억 개는 코어팀에게 분배되고, 800억 개는 파이 커뮤니티에 분배된다. 800억 개 중 650억 개는 전 세계 채굴자들에게 분배되고, 100억 개는 생태계 유지를 위해 적립, 50억 개는 유동성 풀을 위해 적립된다.

아래 그림은 모바일에서 웹의 영역으로 파이네트워크를 확산하기 위해 코어팀에서 발표한 PiNet의 실행 화면이다. 모바일 영역에서 웹의 영역으로 사용자 편의를 넓힘으로써 파이네트워크는 사용자에게 이익을 분배하는 웹3의 정신을 가장 빠르고 널리 실행하는 선도 기업이 되고 있다.

블록체인 기반 웹3를 선점하기 위한 https://pinet.com/
모바일에서 웹까지, 모든 기기에서 이용이 가능하게 확장하고 있는 초기 모습이다.
현재는 웹에서 Fireside 아이콘을 클릭하면 실행 화면을 볼 수 있다.

파이코인에 대한 많은 정보들은 페이스북, 인스타그램, 유튜브, 트위터(X로 이름 변경), 텔레그램과 같은 SNS 플랫폼에서도 팔로우를 통해 정보를 얻을 수 있다. 파이 앱을 실행하여 왼쪽 상단에 삼줄 메뉴를 실행하면 파이코인 공식 SNS 채널을 볼 수 있다. 현재 트위터(X)의 팔로워 수가 260만 명을 넘어서 곧 리플의 팔로워 수를 추월할 것으로 보인다.

금명간 데이터 역전 현상이 날 것을 예상할 정도로 놀라운 속도로 발전하고 있다.

국내에서도 네이버 카페, 파이코인 기반 쇼핑몰, 자영업자 매장 등에서 파이코인을 사용하여 다양한 상품과 서비스가 거래되고 있다. 전 세계적으로는 파이코인을 사용하여 거래하는 다양한 사례(여행, 게임, 부동산, 자동차, 오토바이, 최고급 카지노 호텔, 쌀, 농산물, 수산물, 기타 상상할 수 있는 재화나 서비스)가 알려졌으며, 소규모 커뮤니티 행사에서부터 대규모 행사들까지 전 세계 곳곳에서 파이코인 기반 경제를 실현하기 위한 행사들이 개최되고 있는 것을 SNS 등을 통해 확인할 수 있다. 최근 코어팀은 공식 SNS를 통해 한국의 거래 사례를 대표적으로 소개하는 등 한국 시장을 주목하고 있다.

파이코인을 계속 높은 속도로 채굴할 수는 없다. 출시 이후 많은 반감기를 거쳐왔고, 현재는 채굴속도가 한 달에 한 번 감소한다. Pi Network가 완전한 오픈 메인넷을 출시하면, Pi Network는 완전히 탈중앙화되고 본격적인 디지털화폐로서 위력을 발휘할 것이다. 그리고 파이노믹스가 실현되는 것을 피부로 느끼는 순간에 파이를 접하는 사용자들은 채굴을 통한 파이를 많이 얻지 못하게 될 것이다.

'파이코인은 혁신이다.'
'파이코인은 비트코인의 대안이 될 수 있다.'
왜 그런지 더 살펴보자.

1-6. 파이노믹스의 실현

파이노믹스(Pinomics)는 파이코인과 이코노믹스의 합성어다. 파이코인 기반의 경제가 어떻게 실현되는지 구체적으로 살펴보도록 하자.
파이코인은 기존의 암호화폐와는 달리 채굴에 전문적인 장비가 필요하지 않다. 파이코인은 스마트폰만 있으면 누구나 채굴할 수 있다. 이러한 특성으로 인해 파이코인은 기존의 암호화폐보다 에너지 효율이 높다. 즉 환경을 파괴할 정도의 전기가 필요하지 않다. 엄청난 전기에너지를 사용하여 채굴하는 비트코인과 다르게 스마트폰에서 채굴할 수 있기 때문이다.

파이코인의 오픈 메인넷은 아직 출시되지 않았다. 파이코인 개발팀은 파이코인을 누구나 쉽게 사용할 수 있는 암호화폐로 만들기 위해 노력하고 있으며, 오픈 메인넷은 안정성과 보안성을 충분히 검증한 후에 열릴 것으로 예측된다. 비트코인, 이더리움과 같은 주요 암호화폐의 현물 ETF 거래가 곧 본격화될 것으로 보이고 블록체인 기반웹3 시대의 도래에 따라 파이코인의 오픈메인넷 공개가 임박해 있는 시점이다.

비트코인은 2,100만 개의 총량 중 비트코인의 첫 번째 블록인 제네시스 블록을 채굴하는 데 사용된 개인 키인 제너시스 키에 1,000,000개의 비트코인이 있다고 알려져 있다. 비트코인 제네시스 키를 가지고 있는 사람은 누구인지 모른다. 비트코인의 창시자 사토시 나카모토가 가지고 있을 가능성이 크지만 사토시 나카모토의 정체가 밝혀지지 않았기 때문에 누구도 확실히 알 수 없다.

코어팀은 주요 암호화폐인 비트코인, 이더리움 등이 소수에 의해 독점되는 단점을 보완해서 파이코인을 만들고 있다. 파이코인은 비트코인과 같은 블록체인 기술을 기반으로 하지만, 다음과 같은 몇 가지 장점이 있다.

첫째, 더 빠른 거래 속도와 저렴한 수수료
둘째, 더 많은 보안성
셋째, 더 많은 에너지 효율성
넷째, 더 많은 접근성

파이코인의 GCV(Global Consensus Value)를 314,159달러로 정하자는 목소리가 트위터(X)를 비롯한 많은 SNS에서 들려온다. 전 세계 거의 모든 국가와 지역, 51개가 넘는 언어로 번역되어 전 세계 사람들이 1인 1계정을 갖고, 스마트폰만 있으면 누구나 채굴할 수 있는 수 있는 파이코인을 기반으로 한 경제 모델인 파이노믹스의 실현은 블록체인 기술이 태동하여 안착되어 가는 시점인 현재 세계에서 가장 널리 채택되는 수순으로 가고 있다.

한국의 경우만 보더라도 자산을 쪼개서 블록체인 기반 토큰으로 거래할 수 있도록 하는 사업체들이 준비되어 있다. 실물 자산과 가상의 자산을 암호화폐로 거래하는 본격적인 블록체인 웹3 시대가 도래한 것이다.

전 세계적으로도 암호화폐가 미래의 화폐가 될 것이라는 패러다임이 확산하고 있고, 그 물결이 피부로 와닿는 시점이다. 파이코인의 개념과 비전, 향후 미래를 모두 확인할 수 있는 백서를 통해서도 파이노믹스의 실현 가능성을 확인할 수 있다.

파이코인은 작업증명(POW)이나 지분증명(POS)방식보다 더 효율적인 방식의 블록체인 기술을 사용한다. 참여자들의 신뢰를 기반으로 하는 SCP(스텔라합의프로토콜)방식을 채택했다. 이는 지나친 에너지를 사용하여 인류의 생존권을 위협하는 에너지 문제를 지속 가능한 경제 모델로 전환하는 획기적인 기술이다. 더 나아가 KYC 인증에 있어서 검증인 제도까지 둔 POP(참여방식)도 진행하고 있다. 이러한 신원인증은 전 세계 국가가 암호화폐를 화폐로 채택하기 힘든 점을 해소하는 가장 빠른 방법으로 인식되는데, 이 분야에 있어서 독보적인 존재로 파이코인이 앞서가고 있다.

즉 전 세계의 사람들이 파이코인을 사용하여 결제, 송금, 투자 등을 할 수 있는 새로운 금융시스템을 구축하고, 파이코인을 사용하여 불평등에서 오는 빈곤을 줄이고, 더 나은 세상을 만들기 때문이다. 결과적으로 파이코인이 글로벌 디지털화폐로서 채택을 앞당길 것이다. 파이노믹스가 실현되는 이유를 정리하면 다음과 같다.

- 파이코인 생태계는 파이코인을 화폐로 사용하여 다양한 재화와 서비스를 교환할 수 있는 비즈니스 모델이다. 파이코인 생태계는 파이 코어팀이 직접 만든 앱, 해커톤에 참여한 개발자들이 구축한 앱을 사용하면서 기하급수적으로 커질 것이다.

- 파이코인을 사용하여 더 많은 사람이 더 나은 경제시스템을 경험할 수 있도록 파이브라우저에 앱을 만드는 속도가 가속화되고 있으며, 생태계 매장에서도 파이코인을 사용하여 거래를 할 수 있다. 또한, 개인과 개인의 거래도 물물교환 형태로 활발하게 진행되고 있다.

- 파이코인과 CBDC는 모두 블록체인 기술을 기반으로 한 디지털 화폐다. 파이코인은 중앙화된 주체에 의해 발행되지 않고, 파이코인은 전 세계 사람들이 채굴하고 사용할 수 있다. 반면, CBDC는 각국의 중앙은행에 의해 발행된다.

- 파이코인은 탈중앙화된 블록체인 기술을 기반으로 하고 있어서, DAO 조직이 될 가능성이 있다. DAO(Decentralized Autonomous Organization)는 중앙화된 관리자가 없는 조직을 말한다. DAO는 스마트 계약을 사용하여 조직의 운영을 자동화한다.

- 파이네트워크는 개인정보 보호 정책을 준수하고, 파이코인 사용자의 개인정보를 보호하는 역할을 한다. 파이코인은 개인정보 보호를 매우 중요하게 생각하고 있으며, 사용자의 개인정보를 안전하게 보호하고 있다. 이러한 규정을 철저히 준수하며 전 세계 디지털화폐로서의 자리를 굳혀가고 있다.

- 파이코인에서 진행하는 신원인증 절차인 KYC는 사용자의 신분 증명서의 모든 개인정보가 검은색으로 가려져 진행된다. 비대면 으로 통장 개설을 할 때 신분증 촬영을 하면 개인정보가 표시되 는 신원인증 절차와 확연하게 대비되는 획기적인 기술과 정책이 라고 평가된다.

- 파이코인 개발팀에서는 공식적으로 개인정보 보호에 대해 아래 와 같이 밝힌 바 있다.

  ☞ 사용자의 개인정보를 수집하지 않는다.
  ☞ 사용자의 개인정보를 저장하지 않는다.
  ☞ 사용자의 개인정보를 제3자에게 제공하지 않는다.

1-7. 파이코인의 우수성

1) 파이 네트워크 시스템

① KYC 시스템

파이코인은 KYC 시스템을 도입하여 모든 사용자들에게 본인 인 증을 요구한다. 이는 암호화폐 관련 법규 준수(Compliance with the Law)와 자금세탁 방지(Anti-Money Laundry) 등 법적 제도적 장치를 제공하여 가 짜계정(Fake Accounts) 및 불법자금세탁(Illegal Money Laundering) 등을 예방 하고 안전한 거래 환경을 조성한다.

② 브라우저와 디앱(DApp)

파이 브라우저는 파이 네트워크 생태계의 일부로써 사용자들에게 웹 서핑(Web Surfing) 기능과 함께 보상 기능을 제공한다. 또한 파이 네트워크에서는 다양한 디앱 개발에 착수하여 경제 활동 지원 및 커뮤니티 활동 등 다양한 서비스를 제공한다.

③ 지불 시스템(Payment system)

파이코인은 지불용 결제 토큰으로 개발되었다. 파이 브라우저를 통해 누구나 가상의 스토어(Store)를 구축하고 P2P로 상품을 매매할 수 있다. 또한 파이 브라우저를 통해 개발자 및 기업가 등 누구나 디앱 구축에 쉽게 참여할 수 있도록 데이터, 자산 및 프로세스를 제공한다.

2) 파이코인 가치상승

① 반감기(Halving)에 의한 희소성(Scarcity)

파이코인은 채굴자의 수에 따른 반감기와 월 단위 반감기를 통해 채굴량을 조절하여 가치가 자연스럽게 상승한다. 이는 파이코인의 채굴 공급량을 줄여서 가치상승을 유도하는 메커니즘으로 파이코인의 가치상승에 크게 도움이 된다.

② 탈중앙화와 노드 수

파이코인은 폐쇄형 메인넷(Enclosed Mainnet)임에도 불구하고, 노드 수가 15만여 개로 비트코인의 10배에 이른다. 이는 탈중앙화를 향한 노력과 네트워크의 분산성을 나타내며, 신뢰성과 보안성을 강화하는 데 크게 작용하고 있다.

③ 생태계 및 적절한 보상 시스템

파이코인은 접근성과 강력한 유틸리티(Utility) 기반의 웹3 생태계를 제공한다. 현재 5천만 명 이상의 채굴 회원을 보유하고 있는 개방형 커뮤니티이며, X(Twitter)내에서 파이의 팔로워는 263만을 돌파하여 코인마켓캡 기준 시가총액 5위(2023.09.18.)인 리플(XRP)을 추월 직전에 두고 있다.

파이코인은 모바일 기기에서 누구나 항상 무료로 채굴할 수 있으며, 네트워크 구축 및 유지 기여자에 대한 적정한 보상 시스템으로 전 세계 사람들에게 공정하고 분산된 암호화폐를 제공하고 있다.

④ 파이코인의 접근성

파이코인은 블록체인 기술을 기반으로 하지만, 기존의 암호화폐와는 달리 모바일만 가지고 있다면 누구나 무료로 쉽게 채굴할 수 있다는 장점이 있다. 이는 파이코인의 대중화를 촉진 시킬 뿐만 아니라 암호화폐에 대한 잘못된 편견도 바꾸고 있다.

⑤ 파이코인의 대중성

파이코인은 현재 1억 명이 넘는 앱 설치 사용자와 적극적으로 파이코인을 채굴하는 5천만 명 이상의 회원을 보유하고 있는 글로벌 커뮤니티를 구축하고 있는 플랫폼이다. 이는 파이코인의 잠재적인 가치를 높이는 요인으로 작용하고 있다.

1-8. 파이코인의 미래

파이코인 해커톤 대회는 파이코인 사용 생태계를 더 발전시키기 위해 개발자들이 모여 아이디어를 공유하고 솔루션을 개발하는 행사다. 파이코인 해커톤 대회는 현재 매달 개최된다. 전 세계의 개발자들이 오픈된 소스(PIO 등을 사용하여 쉽게 참여할 수 있다.

파이코인 해커톤 대회에서 우승한 프로젝트는 파이코인 브라우저에서 사용된다. 파이코인 해커톤 대회는 파이코인 사용처를 다양화하고, 파이코인의 가치를 높이는 데 중요한 역할을 한다. 우수한 앱 개발자는 상금으로 파이코인을 받는다.

파이 앱은 파이를 채굴하는 앱, 파이브라우저는 파이를 쓰는 앱으로 이해하면 쉽다. Pi 앱과 Pi 브라우저 앱은 앞으로 파이노믹스가 실현되는 전 세계 어디에서든 가장 널리 사용되는 디지털화폐를 사용하는 수단이 될 것이다. 웹에서도 사용할 수 있는 PiNet의 출시로 인해 웹3라 불리는 패러다임에서 파이코인이 최고의 자리에 오르는 것은 시간문제가 될 것이다.

파이 노드는 블록체인을 검증하는 역할을 한다. 블록체인에 새로운 블록이 추가될 때마다 블록의 유효성을 검사한다. 파이 노드는 전 세계의 Pi 사용자들이 운영할 수 있다. 파이 노드를 운영하려면 Pi Network의 공식 홈페이지에서 파이 노드 소프트웨어를 내려받아 설치해야 하고, 파이 노드를 운영하면 파이코인을 추가로 보상받을 수 있다. 파이 지갑에서 파이코인을 전송할 때는 0.01개의 파이코인이 수수료로 부과된다. 수수료는 블록체인에 기록되며, Pi Network의 보안을 유지하고, 네트워크의 운영을 유지하기 위해 사용된다. 파이코인의 채굴이 중단되면 노드 운영자에게 파이코인 수수료를 나누어 줄 것으로 예상되기 때문에 노드 운영은 파이노믹스에서 사용자의 부를 축적하게 해줄 가장 중요한 도구 중 하나로 여겨진다.

사용자의 신원을 확인하는 KYC(Know Your Customer, 고객 확인 제도, 로봇 인지 사람인지 확인하는 제도, 아무에게나 계정을 발급해 줄 수 없으니 신분을 확인하는 제도)는 사용자의 자산을 보호하는 데 도움이 된다. KYC가 글로벌 디지털화폐의 성공에 필수적이라고 생각하는 것이 시대의 흐름이 되었고, 주요국의 경우에는 KYC를 의무화하는 추세로 가고 있다. 자금세탁과 테러 자금 조달을 방지하기 위해 KYC를 의무화하는 나라가 늘어나고 있는 글로벌 추세 속에서 파이코인과 같은 엄격한 KYC를 실시하는 암호화폐는 없다. 미국과 유럽, 세계 주요국은 KYC를 의무화하고 있다. 유럽연합(EU)은 자금세탁과 테러 자금 조달을 방지하기 위해 KYC를 의무화하는 규제를 마련했다. 이 규제는 모든 EU 회원국에 적용되며, 모든 EU 내 암호화폐 거래소는 KYC를 의무적으로 시행해야 한다.

한국은 2021년 12월 28일 '특정 금융거래정보의 보고 및 이용 등에 관한 법률'과 2023년 6월 5일 '특정 금융거래정보의 보고 및 이용 등에 관한 법률 시행령'을 시행한다. 암호화폐를 가상자산으로 분류하고, 자금세탁과 테러 자금 조달을 방지하기 위해 암호화폐 거래소에 KYC를 의무화하는 규제를 마련했다. 또한, 암호화폐 거래소의 신고를 의무화하고, 암호화폐 거래소의 손실에 대한 투자자 보호를 강화하는 규제를 마련했다.

블록체인 기술의 대표적인 것이 암호화폐와 NFT다. 암호화폐는 블록체인 기술을 사용하여 생성된 디지털 자산이다. 암호화폐는 분산형 네트워크를 통해 발행되고 거래되며, 특정 기관이나 개인이 통제할 수 없다. NFT는 블록체인 기술을 사용하여 생성된 디지털 자산의 한 종류다. NFT는 고유한 ID를 가지고 있으며, 이 ID를 통해 NFT의 소유권을 증명할 수 있다. NFT는 디지털 아트, 음악, 게임 아이템 등 다양한 분야에서 활용될 수 있다.

파이코인은 암호화폐와 NFT의 세계적인 확산에 기여하고, 개인, 국가가 채택하여 사용하면서 디지털화폐로 자리매김할 것이다. 개발팀이 암호화폐와 NFT를 보다 쉽게 접근하고 사용할 수 있도록 플랫폼을 최고의 기술로 구축하기 때문이다. 누구나 쉽게 암호화폐를 채굴하고 NFT를 구매할 수 있도록 해서 파이코인의 출현은 블록체인 기반 경제 모델에 혁신을 이룰 것이다.

따라서 개발팀의 계획대로 개발이 완료되면 미래의 글로벌 디지털화폐로 자리매김할 것이다. 개발팀의 로드맵대로 진행되는 과정에서 파이코인은 그 영역을 확대하여 사용자 측면, 기술적인 측면, 경제적인 측면에서 세계적으로 가장 큰 규모의 노드와 커뮤니티를 보유한 유일무이한 암호화폐로 쓰일 것이다.

1-9. 파이 경제 참여 방법

■ 규제와 혁신의 균형

2025년 6월 발표된 FATF 가이드라인 개정안은 가상자산 서비스 제공자(VASP)에게 거래 추적 시스템 구축을 의무화했다. 이에 따라 Pi Network는 ZK-SNARKs 기술을 도입해 프라이버시와 규제 준수를 동시에 달성하는 모델을 제시했다.

■ 지속 가능한 인센티브 모델 실행

Pi Coin은 채굴량 반감기를 4년 주기로 도입해 2028년까지 신규 발행량을 50% 감축할 계획이다. 이는 인플레이션을 통제하면서 장기적 가치 안정성을 추구하는 전략이다. 참여를 원하는 독자는 필자의 아래 초대링크를 열어 설치하면 된다.

https://minepi.com/ads7773로 가입하고 사용자 이름(ads7773)을 초대 코드로 입력한다.

(자료출처 : 이글은 대표 저자 안동수의 'PINOMICS' 책에서 발췌한 것임.)

2. 무료채굴 월드코인과 DNA 토큰 모으기

임송아

2-1. 월드코인 심층분석

■ 시작 동기와 주관자

월드코인은 AI 시대에 인간임을 증명하는 글로벌 신원 인증 인프라와 기본소득 지급 시스템을 지향한다. 홍채인식 기반의 오브(orb)를 통해 월드ID를 발급하고, WLD 토큰을 지급한다. 개인정보 수집과 관련해 각국의 법적·윤리적 기준에 따라 찬반이 엇갈리고 있으나, 전 세계적으로 빠르게 확산 중이다. 앞으로 월드코인은 기술적·사회적 혁신을 통해 디지털 경제의 핵심 인프라로 자리매김할 가능성이 있다.

미국 시장 진출을 포함하여 다양한 국가에서 서비스를 확장하고 있으며, 이는 월드코인의 사용자 기반을 확대하고 가격상승에 긍정적인 영향을 미칠 수 있다. 월드앱 2670만명 사용자 중에 1200만명이 인증완료하였고, 비자와 '월드카드'를 출시할 예정이다. (2025년 연말 예정)

월드코인은 2019년 OpenAI의 CEO 샘 알트먼(Sam Altman), 맥스 노벤드스턴(Max Novendstern), 알렉스 블라니아(Alex Blania)가 공동 창립했다. 프로젝트 개발은 미국 샌프란시스코와 독일 베를린에 기반을 둔

Tools for Humanity(TFH)가 주도한다.

월드코인의 출발점에는 AI 기술의 급격한 발전으로 인해 온라인상에서 인간과 AI를 구분하기 어려워질 미래에 대비해, '인격 증명(Proof of Personhood)'을 통해 실제 인간임을 증명하는 글로벌 인프라를 구축하려는 목표에 있다.

■ 주요 목적

• AI 시대에 인간임을 증명하는 디지털 신원(월드ID) 발급

• 전 세계인들에게 디지털 아이디와 암호화폐(WLD) 제공

• 인간으로 증명된 회원에게 보편적 기본소득(UBI) 지급

• AI로 인한 일자리 감소와 소득 불평등 문제 대응

■ 홍채인식 도구의 구조와 특징

월드코인은 '오브(Orb)'라는 특수한 홍채인식 기기를 사용한다. 오브는 사용자의 홍채를 스캔해 고유한 식별 코드를 생성하고, 이 코드는 암호화되어 블록체인에 저장된다. 오브는 엔비디아 젯슨 칩셋 등 최신 하드웨어를 탑재해 빠르고 정확한 인식이 가능하며, 홍채 정보는 오브 내에서 3~5초 동안 처리 후 삭제되고, 데이터는 비식별화·파편화되어 중앙 서버에 저장되지 않는다. 복수 계정 생성을 막기 위해 렌즈 착용 시 인식이 불가하도록 설계되어 있다.

■ 개인정보 채집에 대한 찬반 및 국가별 차이

월드코인의 홍채 정보 수집 방식은 전 세계적으로 논란이 많다.

– 찬성 입장

AI 시대에 인간임을 증명할 수 있는 유일한 글로벌 인증 인프라로서, 부정행위(봇, 중복등록 등)를 차단하고, 공정한 기본소득 분배에 기여할 수 있다는 기대가 있다. 블록체인 기반의 분산 저장, 데이터 암호화, 익명화 등 보안 조치를 통해 개인정보 유출 위험을 최소화한다고 주장한다.

– 반대 및 우려 입장

홍채 등 생체정보는 유출 시 회복이 불가능하다는 점에서 프라이버시 침해 우려가 크다. 일부 국가는 개인정보보호법(GDPR 등) 위반 소지로 월드코인 사업을 중단시키거나 제재(스페인, 케냐 등)하고 있다. "적은 돈에 개인정보를 넘기는 것은 위험하다"는 경고도 있다.

- 국가별 차이

유럽연합(EU) 일부 국가(특히 스페인)는 생체정보의 특별 보호를 강조하며 강력한 규제를 적용한다. 한국 등 일부 국가는 개인정보보호위원회 차원에서 조사 및 규제 논의가 진행 중이다. 미국 등은 개인정보보호 규제로 오브 도입이 제한적이어서, 여권 등 대체 인증수단 도입을 검토하고 있다.

■ 오브의 구조

오브는 은색 구체 형태의 기기로, 양손으로 들고 홍채를 스캔하는 구조다. 실제 사진은 월드코인 공식 홈페이지 및 주요 미디어에 다수 공개되어 있다.

홍채 인식기 오브(Orb)

■ 세계적 확산 추세

2025년 5월 기준, 월드앱 가입자 수는 2,675만 명을 돌파했으며, 120여 개국에서 오브가 설치되어 있다. 41개국에 3,800여 대의 오브가 운영 중이며, 사용자 수는 빠르게 증가하고 있다.

개발도상국 중심으로 확산이 빠르며, 미국 내 규제 풀림으로 2025년 내 홍체 인식기 오브(Orb)가 7,500대 설치될 예정이다.

■ 앞으로의 발전 전망

월드코인은 디지털 신원 인증, 글로벌 기본소득, AI와 인간의 구분 등 다양한 사회적·경제적 문제 해결에 중요한 역할을 할 수 있을 것이다. 블록체인 기반의 분산 신원 시스템은 금융 서비스 접근성이 낮은 지역에서도 경제적 참여를 확대할 수 있는 잠재력이 크다.

앞으로는 더 많은 국가와 협력해 법적·기술적 신뢰성을 높이고, 사용자 친화성을 개선하는 방향으로 발전할 것으로 보인다.

WLD 토큰은 2050년까지 장기적으로 성장 가능성이 있다는 전망이 있으나, 프라이버시·보안·중앙화 논란 등 해결해야 할 과제도 많다.

- 참여 방법
https://join.worldcoin.org/U522NSK 링크로 가입하면 된다.

2-2. DNA 토큰 심층 분석

■ 시작된 동기와 목표

DNA 토큰은 월드코인 생태계의 확장성을 강화하기 위해 2024년 말 도입된 커뮤니티 중심 프로젝트다. 월드코인 창립팀인 샘 알트먼(Sam Altman)과 Tools for Humanity(TFH)의 지원 아래, 탈중앙화 커뮤니티 그룹이 주도하여 개발되었다. 핵심 목표는 월드코인의 글로벌 기본소득 시스템(WLD)을 보완하며, 사용자 참여를 통해 생태계의 지속가능성을 높이는 것이다.

■ 참여 유도형 경제 모델

사용자의 추천 활동과 채굴 참여를 통해 DNA 토큰 보상을 제공해 생태계 활성화를 촉진한다. 월드코인의 월드ID(인간 인증)를 기반으로 한 신뢰성 있는 사용자 네트워크 구축을 지원한다.

■ 장기적 가치 창출

스테이킹 보상과 토큰 소각 메커니즘을 통해 토큰 가치 안정화를 도모한다. 사용자 간 거래 수수료 재분배 시스템으로 지속가능한 수익 구조를 형성한다.

■ 운영 구조와 핵심 도구

- 월드앱 내 DNA 미니 앱

월드코인의 공식 월렛 앱(World App)에 통합된 서비스로, 사용자는 앱 내에서 DNA 토큰 채굴·관리가 가능하다.

- 채굴 속도 증강 방법

• 10명 추천 → 10만개 DNA 소각 → 채굴 속도 100배 증가

• 100명 추천 → 100만개 소각 → 1,000배 증가

• 1,000명 추천 → 1,000만개 소각 → 10,000배 증가

• 수수료 재분배 : 추천인이 거래할 때 발생하는 수수료의 일부가 추천자에게 지급된다.

■ 탈중앙 거래소(DEX) 상장

DNA는 유니스왑(Uniswap)·팬케이크스왑(PancakeSwap) 등 주요 DEX에 상장되어 실시간 거래가 가능하다.

DNA 토큰의 시각적 디자인은 구형 DNA 나선 구조를 모티브로 한 로고를 사용하며, 공식 홈페이지와 월드앱 내에서 확인할 수 있다.

■ 세계적 확산 추세

2025년 5월 기준 가입자 수는 40만 명 돌파하였다. 월드코인 오브(Orb)가 설치된 지리적 분포를 보면 개발도상국(인도·나이지리아 등)에서 채굴 참여율이 특히 높다. 거래량은 DEX에서의 일일 평균 거래량이 500만 달러를 상회하며, 스테이킹 참여 비율은 전체 공급량의 약 35%에 달한다.

■ 발전 전망과 과제

- 긍정적 전망

월드코인 생태계와의 시너지 효과로 월드앱 사용자 증가(현재 2,600만 명+)와 함께 DNA 토큰 수요가 지속적으로 늘어날 전망이다. 연금 대체 수단이 될 수 있는 이유는 매일 발생하는 스테이킹 보상(연간 8~12% 수익률)이 "디지털 연금"으로 주목받으며 장기 홀더 유치에 유리하다. 앞으로 DeFi와의 통합을 통해 대출·보험 등 탈중앙화 금융(DeFi) 서비스와 연계해 유틸리티 확장이 예상된다.

- 해결 과제

과도한 추천 의존도로 인해 채굴속도 증강을 위한 추천 시스템이 다단계 마케팅(MLM)으로 비칠 수 있어 규제 리스크에 저촉될 수도 있다.

그리고 유동성 한계로 소규모 DEX 상장으로 인한 가격 변동성과 대형 거래소 상장 지연이 성장 장애물로 작용한다.

- 종합 평가

DNA 토큰은 월드코인 생태계의 사용자 참여도를 혁신적으로 높이는 "게임화된 경제 모델"이다. 채굴·소각·추천 시스템이 결합된

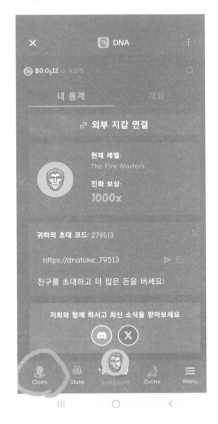

독특한 토큰노믹스는 단기적으로 빠른 확산을 이끌었으나, 장기적으로는 실용적인 유틸리티 확보와 규제 완화가 관건이다. AI와 인간의 상호작용을 재정의하는 월드코인의 비전 속에서 DNA는 커뮤니티 기반 경제의 새로운 사례를 제시할 것이다.

■ 미래를 여는 혁신 월드코인

세계는 지금 디지털 경제의 대전환기를 맞이하고 있다. 이 가운데 월드는 단순한 암호화폐를 넘어, 글로벌 신원 인증과 금융을 결합한 혁신적인 솔루션을 제시하며 탈중앙화와 개인정보 보호를 동시에 추구한다. 즉 개인정보를 수집하지 않으면서도 신뢰할 수 있는 인증 시스템을 구축한 기술적 혁신이다. 또한 Web3 시대에 요구되는 투명성과 신뢰를 충족시키는 중요한 기반이다. 월드코인은 단순한 블록체인 화폐가 아니다. 인류의 디지털 평등을 위한 새로운 시작이다.

– 참여 방법

초대코드(예: https://dnatoken.io/r/279513) 입력 후 계정 활성화하면 Claim 버튼으로 24시간마다 채굴이 실행된다.

3. 진정한 소비파워 비즈니스 모델 KN541

정은숙

3-1. 프로슈머 비즈니스의 개념

앨빈 토플러(Alvin Toffler)는 미국의 사회학자이자 미래학자로, 그의 저서 "제3의 물결"에서 '프로슈머(Prosumer)'라는 개념을 소개했다. 프로슈머는 '프로듀서(Producer)'와 '컨슈머(Consumer)'의 합성어로, 소비자가 동시에 생산자로 활동하는 새로운 경제 주체로 등장하는 것이다.

전통적인 경제 모델에서는 소비자와 생산자가 명확히 구분되어 있었다. 그러나 토플러는 기술이 발전함에 따라 소비자들이 제품을 구매하는 것뿐만 아니라 생산 과정에 참여하게 될 것이라고 예측했다.

이런 변화는 정보 기술의 발전은 소비자가 자신의 필요를 더 잘 이해하고, 제품을 맞춤화하거나 직접 제작할 수 있는 능력을 제공하기 때문이다. 이는 소비자가 자신의 욕구를 충족시키기 위해 생산 과정에 직접 참여하게 만든다.

이런 프로슈머 경제의 등장은 생산과 소비의 경계를 흐리게 하여 경제 구조 자체를 변화시킬 수 있다. 이는 전통적인 생산자-소비자 관계를 재정의하고, 더 맞춤화된 시장을 만들어낼 수 있다. 토플러의 프로슈머 이론은 현대 경제에서 점점 더 중요해지고 있으며, 디지털 기술의 발전과 함께 소비자가 경제에 미치는 영향력이 더욱 커지고 있다.

그러나 이런 좋은 이론을 성공시키기 위해서는 진정으로 소비자들의 권익을 집대성할 수 있는 파워풀하고 현명한 지도자가 필요하다. 이런 지도자 정차조가 설계하고 진행하는 한국의 모델을 소개하고자 한다.

3-2. KN541 플랫폼의 핵심 7가지 요약

- 첫째, KN541 플랫폼은 매출, 투자, 물건 판매 없이도 모든 참여자가 수익을 공유하는 혁신적 공유경제 시스템이다.

- 둘째, 이 플랫폼은 '지구사랑'이라는 철학을 중심에 두고, 소비자 주권 실현과 환경 보호를 동시에 추구한다.

- 셋째, GreenT라는 블록체인 기반 가상자산을 통해 소비 행위에 따른 배당을 지급하며, 투명하고 안전한 정산 체계를 구축했다.

- 넷째, 회원은 월 서버 이용료만으로 개인 쇼핑몰(KN541샵, My Store)을 개설하고, 공동구매 방식으로 고품질 제품을 저렴하게 구매할 수 있다.

- 다섯째, KN541은 50:40:10 분배 원칙을 기반으로 소비자, 전체 회원, 기여자에게 이익을 고르게 배분하는 100% 배당 구조를 실현했다.

- 여섯째, 플랫폼은 소비자와 생산자의 경계를 허무는 '생소융합 이론'을 실천하며, AI시대 생존전략으로 주목받고 있다.

- 일곱째, 결국 KN541은 소비를 통한 가치 창출과 사회적 공유를 가능하게 하는, 지속가능한 미래형 경제 생태계다.

3-3. KN541 플랫폼 개요

■ 플랫폼 참여자 모두가 수익을 나눌 수 있는 구조

KN541 플랫폼은 기존의 상식을 뒤엎는, 독창적인 경제 시스템이다. 매출도 없고, 투자도 받지 않고, 물건조차 판매하지 않는데도 플랫폼 참여자 모두가 수익을 나눌 수 있는 구조를 만든다. 이 말이 처음에는 낯설게 느껴지지만, 그 안에 담긴 철학과 구조 중심에는 '지구사랑'이라는 가치가 있다. 이론으로만 이야기 하던 소비가 수익이 되는 획기적인 시스템이다.

가상자산 '그린티(GreenT)'는 참여자에게 배당되는 수익을 구체적으로 구현해 준다. 블록체인 기반으로 안전성과 신뢰를 확보했고, 온·오프라인 어디에서나 활용 가능한 경제 도구로 진화하고 있다.

■ 유엔 총회에서 채택한 SDGs 구현

무엇보다도 감동적인 점은 이 플랫폼이 경쟁이 아닌 협력을 핵심 철학으로 삼는다는 것이다. 참여자 모두가 함께 만들어가는 지속가능한 공유경제 모델이다. 그것이 바로 KN541 플랫폼이 말하는 미래의 방향성인 SDGs(지속가능발전목표)의 실현이다.

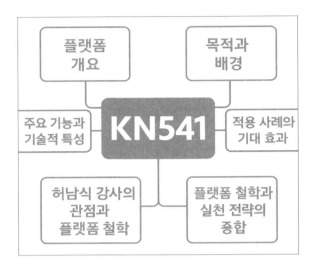

　SDGs(Sustainable Development Goals)는 전 세계가 함께 달성하기 위한 국제적 목표(17개 목표, 세부목표 169개)이다. 이는 2015년 유엔 총회에서 채택되었으며, 2016년부터 2030년까지 시행된다. KN541은 단순한 플랫폼이 아니라, 내일의 경제를 여는 새로운 시대, 새로운 패러다임의 열쇠이다. 이 혁신을 먼저 만난 우리는, 미래를 주도할 기회를 가진 셈이다.

3-4. KN541플랫폼의 목적과 배경

■ 플랫폼 설계자 정차조

　KN541 플랫폼은 소비자 주권을 실현하고 환경까지 고려한 새로운 유통 생태계를 구축하는 것을 목표로 한다. 플랫폼 설계자 정차조 회장은 17년간의 노력 끝에 이 개념을 구상했으며, 과거 환경부 산하

단체를 창립할 정도로 평소 녹색 환경에 관심이 깊었다.

정차조 설계자는 "소비자가 유통과 생산을 주도하는 새로운 시장·새로운 소비·새로운 유통 문화를 만들어가겠다"면서 "유통 환경과 지구환경이 다르지 않기에 사람도 살리고(경제) 지구도 살리는 방향"을 강조했다. 이러한 철학적 배경에는 기술 발전과 AI 시대의 변화도 한 몫했다.

KN541 설계자 정차조

■ KN플랫폼은 약한 소비자를 미래 주역으로 만들다

KN플랫폼 상임고문 조희철은 2050년경 5%의 생산 인력만으로도 모든 생산 관리가 가능해지고 95%는 일자리를 잃을 것이라는 전망에 주목한다. 기존 공급자 위주의 시장 논리에서 벗어나 "쓸모없어 보이는 95%" 소비자들이 '미래의 Key(핵심)'를 쥐고 있다는 점에 착안했다고 전한다. 다시 말해, 생산자와 소비자의 경계가 허물어지고 초

연결·디지털 시대로 접어드는 흐름 속에서, 소비자가 주체가 되는 새로운 대안이 필요하다는 것이다.

이처럼 KN541은 "지구사랑"이라는 가치를 바탕으로 과잉 생산·폐기 등 환경 문제와 소비자의 경제적 권익을 동시에 해결하려는 철학을 갖고 출발하였다.

3-5. KN541의 주요 기능과 기술적 특성

■ 사전예약 공동구매 시스템의 생소융합 모델

정영준 대표와 조상현 대표 등 KN541 플랫폼 관계자들은 이러한 철학을 구체화한 생소융합(생산자-소비자 융합) 모델의 기능을 다음과 같이 설명하고 있다.

KN541의 핵심 기능 중 하나는 온라인 쇼핑몰 통합 및 사전예약 공동구매 시스템이다. 모든 회원은 월 1만1천 원의 서버 이용료만 내면 자신의 '개인 쇼핑몰(541샵)'을 무료 분양받을 수 있다.

이 쇼핑몰을 통해 이루어지는 사전예약 공동구매에 참여하면, 일반 쇼핑몰 대비 더 품질 좋은 제품을 더 저렴하게 구매하는 동시에 유통 배당을 받게 된다. 심지어 구매행위를 한 소비자는 제품 제조사 이익 공유의 생산 배당과 주식 배당까지 받을 수 있어, '소비는 곧 투자'가 되는 구조를 구현했다.

회원 수가 늘어 발생하는 광고 콘텐츠 수익도 100% 회원들에게 배당되며, 그간 공급자 기업만 독점했던 부(富) 창출의 기회를 소비자에게 돌려주는 혁신적 시스템으로 평가된다.

또한 KN541은 쿠팡, 아마존 등 국내외 주요 쇼핑몰과 연계한 원스톱 통합 로그인 서비스를 제공하여 사용자의 쇼핑 편의를 높여나가는 정책을 지속적으로 추진할 것이다. 통합된 플랫폼에서 소비자는 여러 시장의 상품을 손쉽게 구매할 수 있고, 그 소비 활동에 따른 수익 공유(Revenue Share) 혜택도 누리게 된다. 과거 "고객은 왕"이지만 기업의 주주만 이익을 얻는 구조와 달리, 이제 소비자가 곧 주주가 되어 부의 창출에 참여하는 형태인 것이다.

■ 블록체인 기반의 보상 시스템

KN541 플랫폼의 기술적 특성 중 주목할 부분은 보상 시스템과 블록체인 기술의 접목이다.

플랫폼 내 모든 리워드는 가상자산 형태로 지급되는데, 이것이 바로 'GreenT' 코인이다. KN541은 회원들에게 돌아갈 배당을 블록체인 기반의 GreenT 토큰으로 개발하여 적용하고 있다. GreenT 토큰은 플랫폼 내 결제 및 정산 수단으로 활용되며, 축적된 가치가 외부 거래소에서도 통용될 수 있도록 설계되었다.

실제로 KN541 측은 2025년 3월 블록체인 전문업체와 협약을 맺고 GreenT 코인을 글로벌 가상자산 거래소 OrangeX 상장 추진을 공식화하였다. 이를 통해 웹3.0 시대에 걸맞은 공유 경제 모델로서 투명한 정산과 보상 체계를 구현하고자 한다.

■ 기술적 특징

배당 중심의 수익 구조 또한 KN541만의 기술적 특징이다. 플랫폼 자체적으로는 매출을 직접 올리거나 투자금을 받지 않고, 물건을 판매하지도 않는다. 다시 말해 회사에 남는 수당은 없고 대신 모든 이익은 배당으로 환원되는 구조다. 이 혁신적 모델을 가능케 한 비결이 바로 'KN541 분배 시스템'이다.

"50:40:10"이라는 숫자에서 유래한 541은 이익 발생 시 50%를 행위자(소비 행위를 한 본인)에게, 40%를 공유(pool)하여 전체 멤버에게, 10%를 플랫폼에 기여한 공헌자에게 돌려준다는 의미다.

예컨대 어떤 상품을 구매하면 그에 따른 수익의 절반(50%)은 구매자 본인의 몫으로 적립되고, 40%는 전체 회원에게 공유 배당되며, 10%는 추천인 등 기여자에게 돌아간다.

이러한 50-40-10 배분 원칙 덕분에 KN541에서는 사업자 수수료 개념의 "수당" 없이 오로지 배당만 존재하게 되었고, 이를 두고 업계에서는 세계 최초 100% 배당 플랫폼이라는 평가도 나온다.

더욱이 배당의 종류도 다양하여, 기본 소비 배당 외에 GreenT 보유 배당, KN541 콘텐츠 활동 배당, 디렉터(Director) 배당, 프랜차이즈 배당, 글로벌 파워셀러 배당, 유튜브 크리에이터 배당, 지구사랑 활동 배당, KN541 주식 배당, 광고 공유 배당 등 여러가지 배당 시스템이 설계되어 있다.

플랫폼 상임고문 조희철은 이처럼 치밀한 배당 설계를 두고 "기존 시장 질서와 시작부터 다르게 Formation 541이 구축되어 있다"고 설명하며, 모든 참여자에게 빠짐없이 혜택이 돌아가는 구조임을 강조했다.

3-6. KN541 사업 참여 방법

■ Formation 541이라는 회원제 커뮤니티를 구축

이러한 철학을 실현하기 위한 전략으로, 플랫폼은 구조적·기술적 장치를 다각도로 마련했다. 먼저 Formation 541이라는 회원제 커뮤니티를 구축하여 참여 인센티브를 극대화했다.

클럽2000이라 불리는 이 멤버십은 준회원-정회원-디렉터로 조직하되, 모든 등급의 회원이 배당에 참여하도록 함으로써 참여 폭을 넓혔다. 또한 회원 간 협력과 재미 요소를 불어넣기 위해 "와서, 놀아라, 신나게"라는 슬로건 아래 다양한 이벤트와 콘텐츠를 제공하고 있다. 정차조 설계자가 강조하는 이 슬로건은 플랫폼을 놀이하듯 즐기는 경제 생태계로 만들겠다는 의지로, 소비자들이 자발적으로 몰입하게 만드는 전략이다.

■ BM 특허 출원과 학술 연구

비즈니스 모델(BM) 특허 출원과 학술 연구를 병행하며 플랫폼의 전문성과 신뢰성을 높였다. 이는 단순한 아이디어 차원을 넘어 이론적으로도 검증된 모델임을 보여주는 부분이다.

실제로 KN541 관련 학술논문 발표와 정차조 회장의 저서 출간(『생

소한 이론을 통해 세상을 봐라』) 등이 이루어져 앞으로 학계와 업계의 주목을
받고 있다.

아울러 국민 공모주 형태로 일반 대중에게 주식을 공개하는 방안
도 구상하고 있어, 말 그대로 플랫폼 소유와 혜택을 대중과 공유하려
는 그림을 그리고 있다. 정영준·조상현 대표 등 설명자들은 이러한
점을 들며 KN541을 개방형 플랫폼으로 소개한다.

회사가 투자금을 모으지 않고도 성장하는 비결은 구성원 모두가
투자자이자 홍보대사가 되어주는 구조에 있으며, 이것이 가능한 이
유는 누구나 이익을 얻는 공정한 분배 시스템이 뒷받침되기 때문이
라는 것이다.

■ 전략적 제휴와 시스템 인프라를 확충 참여

전략적 제휴와 시스템 인프라를 확충하여 실천 가능성을 높였다.

국내 굴지의 쇼핑몰들과 제휴를 맺어 제품 소싱과 고객 기반을 확
보했고, 블록체인 업체와 협력해 GreenT 코인 및 지갑 인프라를 구
축했다. 물류와 결제 분야에서도 안정적인 파트너십을 갖춤으로써,
과거 소비자협동조합이나 공동구매 시도가 물류·결제 시스템 미비로
실패했던 점을 극복했다.

이렇게 탄탄한 백엔드 인프라를 마련한 덕분에, 2025년 현재
KN541 플랫폼은 본격 가동 단계에 들어서며 빠르게 성장 중이다.

■ 소비자 주권 시대의 비전을 실천

KN541 플랫폼은 "소비자 주권 시대"를 열겠다는 비전을 실천해

나가고 있다. 정차조 회장은 강연과 칼럼을 통해 꾸준히 환경과 유통에 대한 메시지를 전파하고 있고, 조희철 고문은 경영이론 관점에서 KN541의 의미를 알기 쉽게 풀어내고 있다. 또한 정영준·조상현 대표는 전국 각지와 온라인 채널에서 기초 강의와 세미나를 진행하며, 소비자들과 생산자들에게 플랫폼의 가치를 설득력 있게 전달하고 있다. 이러한 노력 덕분에 KN541은 기존 유통 틀에 익숙한 이들에게 "익숙한 것에서 새로운 것을 보는" 깨달음을 주며, 생소하지만 혁신적인 유통 패러다임을 현실화하고 있다.

앞으로 회원들의 참여 확대와 GreenT 생태계의 안정화가 이루어진다면, KN541이 꿈꾸는 소비자 중심의 지속가능한 시장이 한층 구체화될 것으로 기대된다. 이는 곧 소비가 투자이고, 소비자가 곧 주인이 되는 진정한 공유경제의 실현이라 할 수 있다.

KN541 플랫폼은 이러한 철학과 전략을 바탕으로, 경제와 환경이 조화로운 미래를 향해 힘찬 발걸음을 내딛고 있다.

결국 KN541 플랫폼은 ESG를 실현하게 되고, ESG를 통해 지속가능발전목표(SDGs)를 달성하게 되는 것이다.

KN541 모델은 소비와 수익의 융합을 통해, 참여자 모두가 경제적 가치를 창출하고 공유할 수 있는 혁신적 비즈니스 구조를 구현한다. 이 모델은 블록체인 기반의 투명한 거래와 스마트 컨트랙트를 활용하여, 소비자가 단순한 구매자가 아니라, 네트워크의 가치 창출에 적극적으로 기여하는 주체로 전환된다.

KN541은 토큰 이코노미와 가치 공유 시스템을 결합하여, 소비 활동이 곧 경제적 인센티브로 연결되는 구조를 갖춘다. 이는 기존의 중

양집중형 유통·마케팅 모델과 차별화되며, 사용자 참여와 네트워크 효과를 극대화하는 혁신적 접근이다. KN541 모델은 Web3 경제의 핵심 원칙인 분산화, 신뢰성, 가치 공유를 실질적으로 구현하는 대표적 사례로 평가받고 있다.

사업에 참여하고자 하는 독자는 집필진에게 메일 dukim004@gmail.com 또는 ahnchain@gmail.com으로 문의하면 된다.

4. 최고 인공지능 금융 비즈니스 Aifeex

김재덕

4-1. 블록체인 아파트 이야기

블록(담장 쌓는 벽돌 비유 - 담장)+체인(쇠사슬 - 눈 올 때 자동차 바퀴에 거는 체인 비유)
이 블록을 체인으로 서로 연결한 것이 블록체인이다. 블록은 내용물
이고, 체인은 이 블록들을 연결하는 일종의 통신선인 것이다.

블록체인의 특성은 서로 연결된 블록끼리 체인을 통해 모든 정보
를 공유한다. 블록끼리 정보를 공유하지 않으면 그 블록의 주인이 될
수 없기 때문이다. 블록체인에서 블록(내용물) 자체는 크게 중요하지 않
다. 이 블록을 연결하는 체인이 매우 중요하다. 이 체인의 성능에 따
라 블록체인의 가치가 천양지차이다. 대형 아파트를 비유해보면 이
해가 쉽다.

■ 최초의 블록체인 "비트코인" 아파트

2010년 2,100만 개의 방이 있는 대형 아파트가 세상에 처음으로
탄생했다. 이 아파트를 소유하기 위해서는 분양사무소에 가서 돈을
내고 분양을 받은 후 관리사무소에 가서 서류를 내고 열쇠를 받아야
한다.

하지만 세상에 처음 나온 이 대형 아파트를 사람들은 잘 알지 못하
였고 분양도 받으려 하질 않아 건설업자인 사토시 나카모도씨는 이

비트코인 아파트를 세상에 공개했다. 누구든지 먼저 와서 방을 차지하는 사람이 임자가 될 수 있지만, 단 한가지 조건이 있다.

블록체인 아파트이기에 방의 진짜 주인이 되기 위해서는 다른 방의 주인에게 연락하여 "내가 몇 호 방에 새로 들어왔습니다"라고 신고를 하여 정보를 공유해야 한다.

하지만 비트코인 아파트는 초창기 1세대 아파트라 인터폰도 없고, 엘리베이트도 없고, 복도도 좁아 방마다 찾아다니며 "내가 새로 입주했습니다"라고 알리기에는 너무나 오랜 시간이 걸렸다. 물론 초창기에는 입주자가 적어 쉽게 방을 차지할 수 있었다.

2010년 처음 비트코인 채굴이 시작되었을 때는 하루에도 수십~수백 개씩 채굴이 가능하여 피자 2판을 사는데 비트코인 1만 개를 지불하였다. 지금 가격으로 계산하면 1억 4천 만원이란 어마무시한 값을 내고 피자를 먹었던 것이다.

현재 남아있는 비트코인은 5% 미만, 95%는 이미 채굴이 끝났다. 지금은 입주자가 많아 빈방을 찾아 입주하는데 시간이 엄청 많이 걸린다. 그래서 비트코인 채굴이 어렵게 되었다. 이것은 많은 전기요금과 비싼 채굴장비가 들어가야 하기 때문이다.

비트코인이 세상에 나온 후 수없이 많은 블록체인 코인이 우후죽순처럼 생겨났다. 이것 역시 아파트로 예를 들어 설명해 보면,

비트코인 아파트는 콘크리트로 두껍게 벽을 쌓고, 무쇠 창살로 창문을 가렸고, 강철로 대문을 만들어 그 누구도 몰래 들어갈 수가 없다.

■ 알트코인 출현

1세대 블록체인인 비트코인 다음에 나온 코인이 2세대 코인 이더리움인데 이후부터 알트코인(Altcoin, Alternative Coin)이라고 한다. 비트코인이 시멘트 콘크리트로 지은 아파트라면 이더리움은 시멘트 콘크리트를 전혀 사용하지 않고 철제 골조의 조립식 블록으로 지은 것이라고 보면 된다. 즉 건축 방식이 다른 새로운 개념의 아파트인 것이다. 그리고 엘레베이트를 설치하여 이동속도가 엄청 빨라졌다. 그래서 지금 시중에 나와 있는 코인의 종류가 크게 비트코인 방식과 이더리움 방식 두가지이다.

비트코인과 이더리움 아파트 이후에 생긴 다른 아파트들은 별의별 종류가 다 있다. 나무로 지은 것도 있고, 흙으로 지은 것도 있고, 심지어 간판처럼 그림을 그려놓고 아파트라고 속이는 것도 있다. 겉은 아파트처럼 보이지만 사실은 아파트가 아닌 것들이 부지기수이다. 분양사무소만 그럴듯하게 지어놓고 말로만 탈중앙화라고 하지만 사실은 중앙(관리사무소)에서 모든걸 중앙에서 콘트롤하는 코인이 대부분이다.

4-2. Aifeex 출현의 배경과 가치

Aifeex는 인공지능과 블록체인 기술을 결합한 분산금융(Decentralized Finance) 플랫폼으로, 차별화된 알고리즘과 데이터 분석, 사용자 맞춤형 금융 서비스 등에서 경쟁우위를 확보하고 있다. Aifeex는 탈중앙

화된 거버넌스와 투명한 운영, 가치 공유 시스템을 통해, DeFi 시장
에서 빠른 성장과 시장 확장을 이루고 있다. 이 회사의 성공사례는
Web3와 블록체인 기술이 AI와 결합해기존 금융·비즈니스 모델을
어떻게 혁신하고, 사용자 중심의 새로운 경제 생태계를 구축할 수 있
는지를 보여준다.

4-3. Aifeex 회사 경영 개요

■ 인공지능 Takwin(타킨) 주요 내용

• 2,700억 개 데이터

• 10억 개의 금융정보

• 170억 개 쇼셜 네트웍

• 4,000만 개 논문

• 논리 및 감정분석 정확도 92% / 인간 77%

■ 펀딩 기간별 수익율

• 1년 : 2%

• 3개월 : 1.6%

• 1개월 : 1.3%

• 1주일 : 1%

■ 수익율 분배

• 사용자 투자 수익 : 45%

• 플랫폼 배당 : 50%

• 관리 수수료 : 5%

■ 공항 광고 현황(총 예산 : 3500만 달러)

• 대한민국 인천 국제공항

• 니노이 아키노 국제공항

• 필리핀 마닐라 국제공항

• 인도네시아 메단 국제공항

• 쿠알라나무 국제공항

• 쿠알라룸푸르 국제공항

• 말레이시아 수완나품 국제공항

• 방콕, 태국 노이바이 국제공항

• 하노이, 베트남 쑹류 국제공항

• 청두, 중국 샤오산 국제공항

• 항저우, 중국 바오안 국제공항

• 선전, 중국 다싱 국제공항, 베이징 국제공항

• 출시 예정지역 : 일본, 인도, 두바이, 싱가포르, 필리핀, 호주, 미국, 영국, 브라질, 나이지리아 국제공항

■ 고속철도 광고 현황(총 예산 : 1500만 달러)

• 중국 고속철도 : 상하이, 톈진, 타이위안, 하얼빈, 창춘, 푸저우 우루무치, 선전, 선양, 후허하오터, 난징, 항저우 닝난 스자장, 우한, 난창, 정저우, 쿤밍, 허페이, 하이커우, 라싸, 인찬, 란저우, 시 샤먼, 창사, 난닝, 시안, 광저우 지역 광고

■ 출시 예정지역

• 인도네시아 : 인도네시아 자카르타 특별 수도권 및 반둥

• 중동 : UAE 두바이

• 유럽 : 영국 런던, 프랑스 파리, 스페인 바르셀로나, 포르투갈 리스본

• 일본 : 도쿄, 오사카

• 한국 : 서울, 부산, 인천

■ TPS(트렌젝션)

• 초당 : 6만4천 건

4-4. Aifeex 회사 임원 소개

■ 최고경영자(CEO) Guilherme D. A. P. Marques

CEO, Guilherme Marques

그는 로마 트레 대학에서 금융 관리 학위를 가지고 있으며, Treccani Encyclopedia, 부동산 회사의 고위 경영직을 역임하며 풍부한 기업 관리 및 전략적 경험을 보유하고 있다. 2019년, AI 기술 연구 개발을 지향하는 새로운 길을 선택하여 독립적으로 창업하여 인생의 새로운 장을 열었다.

■ 최고운영책임자(COO) Alex Jensen

스탠포드 대학교 경영대학원에서 MBA를 취득하고, Google의 에서 고위 경영자로서 글로벌 비즈니스 운영 및 전략 개발을 담당했다.

COO, Alex Jensen

여러 프로젝트의 성공적인 실행을 이끌어내고, 데이터를 기반으로 의사 결정을 하며 다국적 팀의 협업 프로세스를 최적화하는 데 능숙하다. 풍부한 경험과 전문 지식을 바탕으로 Aifeex가 국제시장에서 경쟁력을 강화하고 사업 성장을 촉진하는 데 기여하고 있다.

■ 최고기술책임자(CTO) Ford Cooper

캘리포니아 버클리 대학교 졸업 후, 최초의 동아시아 Unix와 인터넷 선구 시스템을 구축하였다. 90년대에는 최초의 데이터 전용 네트워크 회사를 설립하고 슈퍼컴퓨터와 IBM 등과 협력하여 데이터 시각화 애플리케이션 개발을 진행했다. 현재 Aifeex의 기술 이사를 맡고 있으며, 그의 연구 방향을 바탕으로 인공지능 비즈니스 애플리케이션을 개발하고 있다.

CTO, Ford Cooper

■ Aifeex의 전문가들

Aifeex는 전 세계 최고의 데이터 과학자, AI 신경망 분야의 전문가, 퀀트 애널리스트 및 금융계 엘리트를 모았다. 그들은 깊은 학문적 배경을 가지고 있으며, 뛰어난 연구 능력을 발휘하고, 사고가 민첩하며 혁신 정신이 풍부하여 항상 업계의 최전선에 서서 회사를 지속적으로 발전시키고 있다. 풍부한 업계 경험과 뛰어난 전문기술을 바탕으로 Aifeex의 건전한 발전을 위한 튼튼한 기반을 제공하고 있다.

■ Aifeex의 세계 리더 성공리 마을 김재덕 이장

김이장은 전라남도 곡성군 빈농의 집안에서 태어나 오랜 기간 언론인으로 활동하다 최근 Aifeex 성공리 센터를 개설하여 나눔과 봉사의 삶을 실천하고 있다.

Aifeex KOL 자원을 자원을 보유하고 있는 세계 리더 김재덕 이장은 현재 SCF Channel Korea 발행인 겸 대표이사, 장애인문화신문 발행인 겸 대표, (재)국제언론인클럽(미 국무성산하) 국제협력위원장, (사)대한기자협회 수석부회장 등 여러 요직을 맡고 있으며, KBS 우리말 겨루기(850회)에 출연하여 도전정신을 빛낸 인물이다.

김이장은 2018년 휴먼리더 언론인 대상, 2019년 대한민국을 빛낸 10인 언론인 대상, 2020년 글로벌 자랑스런 세계인 언론인 대상 등을 수상하였다. 또한, 2018년 평창동계올림픽 서포터즈 총괄 본부장, 세계e스포츠서포터즈 총괄 단장 등 다양한 사회 활동을 펼쳤다.

그는 "책임과 의무를 가지고 행동하는 사람으로 열정적 행동이 액체가 기체로 폭발하는 임계점의 힘을 가지고 있다"며, "행동을 먼저하고 생각을 나중이라는 소신을 펼치며, 초시대, 초연결, 초융합의 시대는 엄지핑족을 잘하는 사람이 성공한다"고 말했다. 또한, "장애는 사회로부터 소외될 수도 있다. 인간은 누구나 다 평등하고 소중한 존재다. 우리 사회가 장애라는 어깨의 커다란 짐을 누군가의 관심과 사랑으로 조금이나마 가벼워지게 만들어 가는 환경이 조성되었으면 한다"며, "세상에는 넘치도록 많이 가진 분도 있고, 턱없이 부족한 분도 많다. 넘치는 분은 나누어 주고, 넘치지 않더라도 자신이 덜 가지면 누구든 나눌 수 있다"고 소신을 밝혔다. 김재덕 발행인은 언론 발전과 사회 공헌을 인정받아 2020년 11월 11일 제9회 글로벌 자랑스런 세계인 대상식에서 언론발전공헌상을 수상하였다.

또한, 김재덕 회장은 'SCF 코리아 그랜드 런칭 페스티벌'과 같은 행사를 주최하며, 디지털 금융 시장의 발전과 블록체인 기술의 표준화를 위한 노력을 이어가고 있다.

김이장은 "세계대학생평화봉사사절단(WMU)"에서 다양한 역할을 수행하며 평화와 봉사 활동에 기여해왔다. 그는 2018년 세계대학생평화봉사사절단 세계대회 유치위원 총괄 단장을 맡아 서울 워커힐 호텔에서 64개국 대표 선수들과 함께 성공적인 대회를 개최한 경험이 있다.

김이장은 "2018년 평창동계올림픽"의 성공적인 개최를 위해 다양한 역할을 수행하며 기여하였다. 그는 (사)동사모2018(동계스포츠를 사랑하는 사람들의 모임)의 사무총장 겸 총괄본부장을 역임하며, 정부의 손길이

미치지 않는 다양한 분야에서 민간 차원의 지원을 이끌어냈다.

한편 그는 "한국노총 전국연합건설노동조합 강원지부장"으로서 노동운동에 적극 참여해 왔다. 2018년 3월, 강원지부장으로 취임한 이후, 노동자들의 권익 향상과 복지 증진을 위해 노력하였다. 그 밖에 김 이장은 2024년 5월 사물인터넷 디지털마을을 만들어 인공지능 Aifeex Takwin을 자문위원으로 위촉하고, KOREA Aifeex 성공리 센터를 미국 Aifeex 본사로부터 승인을 받아 성공리 마을 사람들과 함께 AI금융플랫폼 마을로 전세계에 이름을 널리 알리고 있다.

(참고자료 : 장애인 신문, Open AI에서 개발한 챗GPT가 말하는 성공리마을 김재덕 이장, 정병철기자, 2025-03-04)

4-5. 수익 창출의 원리와 경쟁력

■ 각종 거래에서 수익을 얻는 원리

인간의 낮은 거래수익 획득방식을 인공지능의 높은 거래수익 획득방식으로 전환하는 것이다. AI는 어떤 전통적인 방법보다도 수익 원칙을 더 잘 다룰 수 있다.

인간의 머리로 하는 전통적인 수익 방법은 다음을 기초로 진행된다.

- 정보 : 투자자는 광범위하고 심도 있게 거시적 및 특정 시장 정보를 수집하여 트렌드와 잠재적 투자 기회를 이해해야 한다.

- 인지 : 투자자는 금융의 운용 규칙을 깊이 이해하고 정보를 선별하여 처리함으로써 의사 결정의 정확성을 높여야 한다.

- 결정 : 올바른 정보와 높은 인식을 바탕으로 신속하게 현명한 포트폴리오 투자 결정을 내린다.

- 작업 : 의사 결정은 고빈도 및 효율적인 작업을 통해 순차적으로 구매, 매도, 보유 등의 일련의 투자 행동을 실행해야 한다.

4-6. 인공지능 타킨 소개

■ AI와 블록체인 기술의 융합 선구자, Aifeex

Aifeex는 미국 뉴욕에 본사를 둔 기술 기업으로, 인공지능(AI)과 블록체인 기술의 심층 응용에 있어 선구적인 역할을 하고 있다. 딥러닝과 자연어 처리 알고리즘 모델을 개발하여 AI 금융, 교육, 데이터 분석, 이미지 인식, 자연어 이해 등 여러 분야에서 탁월한 성능을 보여주며, 미래의 기술 혁신을 위한 견고한 기반을 마련하고 있다. Aifeex 펀드는 최첨단 AI 기술을 금융 투자 분야에 적용하여, 선진 AI 기술을 활용해 투자자들이 시장동향을 통찰하고, 더 현명하고 정확한 투자 결정을 내리며, 더 안정적이고 장기적인 투자수익을 실현하는 것을 목표로 하고 있다.

■ Aifeex의 초석, 데이터 혁명을 선도

데이터 처리는 Aifeex가 AI 모델 구축의 핵심으로 간주한다. Aifeex는 여러 경로에서 데이터를 수집한 후, 데이터 정제, 정리 및 라벨링을 통해 데이터의 정확성과 유용성을 보장한다. 효율적이고 정확한 데이터 처리는 모델 성능을 향상시킬 뿐만 아니라 투자자에게 신뢰할 수 있는 의사결정을 지원을 제공한다.

■ AI 분야에서 지속적인 혁신과 알고리즘 개발

전문 알고리즘 개발팀은 신중하게 처리된 데이터를 사용하여 모델 훈련과 최적화를 수행하고, 문제의 구체적인 요구에 따라 가장 적합한 알고리즘을 선택하며, 최상의 성능을 달성하기 위해 모델 파라미터를 세밀하게 조정한다. Aifeex는 또한 모델의 검증과 테스트에 주목하고 있다. 엄격한 테스트 프로세스를 통해 모델이 실제 애플리케이션에서 높은 정확성과 안정성을 유지하도록 보장한다.

■ 다양한 산업에서 AI 기술의 성공적인 적용을 실현

Aifeex의 최종 목표는 AI 기술의 광범위한 응용을 실현하는 것이다. 각 산업과의 긴밀한 협력을 통해 산업의 요구와 문제점을 깊이 이해하고, 실제 요구에 부합하는 AI 솔루션 개발에 힘쓰고 있다. 예를 들어 AI 금융, 교육, 데이터 분석, 이미지 인식, 자연어 이해 등 여러 분야의 기술 응용을 다루고 있다. 이를 통해 사람들의 생활경험을 개선하고 사회의 발전에 기여하는 것을 목표로 하고 있다.

■ 클라우드 컴퓨팅과 빅데이터의 융합

Aifeex 플랫폼 구축이 AI 모델의 비상을 돕는다. Aifeex의 성공은 강력한 플랫폼 구축 없이는 이루어질 수 없다. 이 인프라는 클라우드

컴퓨팅, 빅 데이터 및 엣지 컴퓨팅과 같은 첨단 기술을 통합하여 알고리즘 개발 및 응용에 대한 탄탄한 지원을 제공한다. 지속적인 기술혁신과 응용확장을 통해 Aifeex의 플랫폼 구축은 회사의 지속 가능한 발전에 확고한 기반을 마련하고 있다.

■ Takwin 계산시스템

Takwin은 Aifeex AI 펀드의 핵심 계산시스템으로, 하드웨어와 소프트웨어의 깊은 통합을 통해 AI 펀드의 고성능 계산에 대한 전방위적인 성능 지원을 제공한다. 알고리즘 모델을 지속적으로 최적화하고, 투자 시장의 데이터를 자동으로 수집, 분석, 발굴하여 보다 높은 정확도의 리스크 투자전략을 창출한다. 이를 통해 Aifeex AI 펀드에 과학적이고 효율적인 거래 전략을 제공한다. Aifeex는 또한 사례 연구와 데이터 분석에 많은 자원을 투입하여 Takwin의 실제 적용효과를 추가로 검증하고 있다.

출처 : https://www.afxdao.com/?langId=ko

Aifeex는 2,700억 개의 파라미터를 가진 AI 금융 벤처투자 대모델을 자체개발하여 현재 세계에서 가장 큰 파라미터 규모의 AI 금융시스템이 되었다. Takwin 계산시스템은 정보의 효율적 수집, 투자 결정의 정확성, 자동 실행 능력에 있어 전례 없는 돌파구를 달성했다.

Takwin은 시장정보를 포괄적으로 이해하고, 여러 시간 스케일에서 심층 예측분석을 수행하며, 리스크 모델에 따라 합리적인 자산배분 방안을 결정한다. 동시에, 초대형 모델이 제공하는 강력한 계산능력은 더 높은 차원의 자동화된 투자 포트폴리오를 지원한다.

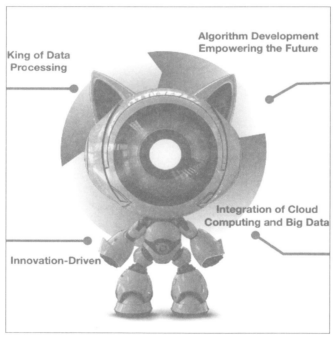

Aifeex Takwin의 주요 기능

데이터 수집 측면에서 Takwin은 약 4,000만 개의 논문, 10억 개 이상의 금융정보, 170억 개 이상의 소셜 네트워크, 거래 플랫폼, 시장 소프트웨어 등의 데이터를 수집하여 유사 시스템의 추론 능력을 훨씬 초과한다.

실제 응용 프로그램에서 Takwin 계산시스템은 매분 TB급의 방대한 데이터를 집계할 수 있으며, 그 논리와 감정분석 정확도는 92%에 달하고, 인간의 77%를 크게 초과한다. 동시에 Takwin은 수만 종의 자산에 대한 투자 포트폴리오의 양적 관리를 실시간으로 병렬 처리할 수 있다.

(출처 : https://www.afxdao.com/?langId=ko)

4-7. 펀드 시스템 운영 현황

■ Aifeex AI 펀드의 주기 유형

Aifeex AI 펀드는 다양한 퍼블릭 체인의 1,000개 이상의 우수한 암호화폐 투자 대상에 걸쳐 있다. 또한, Takwin 계산 시스템이 실시간으로 전략을 조정하여 위험을 극도로 분산시킨다. 사용자는 서로 다른 주기 유형의 펀드를 선택할 수 있다. 전통적인 자산관리 펀드의 다양한 투자에 비해, Aifeex AI 펀드는 초고빈도 양적 거래에 주로 집중하고 있어 그 수익 기대가 더 높다. 다음은 주기별 예상 일일 수익률이다.

Aifeex AI 펀드 유형	WFM/7일	MFM/30일	QFM/90일	AFM/365일
예상 일일 수익	1.0%	1.3%	1.6%	2.0%

■ Aifeex AI 펀드의 투자 분야

Takwin 계산 시스템에 의해 구동되며, 수백 개의 암호화폐 거래소와 DeFi 플랫폼에 접속하여 Web 분야에 2,700억 개의 파라미터를 가진 AI 금융-벤처 투자 대모델을 구축하여 AI 금융의 기반을 형성한다. 최종적으로 사용자가 원 클릭으로 참여할 수 있는 Aifeex AI 펀드를 제공한다.

■ Aifeex AI 펀드 운영 설명

Aifeex 플랫폼의 모든 AI 펀드는 5%의 펀드 수익을 관리 수수료로 수취하고, 50%의 펀드 수익을 플랫폼 배당금으로 분배한다. 나머지 45%의 펀드 수익은 사용자 투자 수익이 된다.

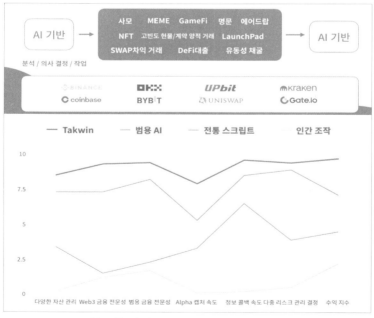

인공지능과 사람이 거래업무에서의 성능 비교

- 펀드투자 : 사용자는 먼저 투자할 펀드 주기를 선택한다.(예 : 주 7일, 월 30일, 분기 90일, 연 365일) 사용자가 펀드를 구매하면 플랫폼은 사용자의 구매 시간에 따라 24시간마다 투자수익을 지급한다.

- VIP계획 : Aifeex는 플랫폼 발전에 기여한 VIP 사용자에게 보상을 제공하는 특별 VIP 계획을 출시했다. Aifeex는 플랫폼의 모든 펀드 수익의 55%를 VIP 보상기금으로 사용하며, 이 중 54%는 VIP 보상에, 나머지 1%는 커뮤니티 프로모션에 사용된다. Aifeex 플랫폼에서 VIP 사용자가 되면 보상계획을 누릴 수 있으며, 각기 다른 레벨의 VIP는 서로 다른 보상을 받을 수 있다.

■ Aifeex VIP 보상

Aifeex VIP 자격 요건 : 사용자는 투자원금이 100 USDT 이상이어야 하며, 최소 1명의 유효한 사용자(투자 원금이 100 USDT 이상인 경우 유효 사용자)를 추천해야 한다. VIP 보상의 상한금액은 사용자의 현재 암호화폐 하에서의 펀드 투자 총액과 VIP 등급에 따라 계산된다. 다른 VIP 등급에 해당하는 VIP 보상은 모두 극차 계산 방식을 사용한다.

등급	승진 요건	보상	보상 상한
VIP 1	팀 투자 총액이 3000 USDT 이상	팀 펀드 총액의 투자 수익 중 20%를 보상으로 받을 수 있다.	사용자 본인의 투자 총액의 1배
VIP 2	팀 투자총액이 1만 USDT 이상이고 VIP 사용자가 2명 있어야 한다.	팀 펀드총액의 투자 수익 중 30%를 보상으로 받을 수 있다.	사용자 본인의 투자 총액의 2배
VIP 3	팀 투자총액이 3만 USDT 이상이고 VIP 사용자가 2명 있어야 한다.	팀 펀드총액의 투자 수익 중 40%를 보상으로 받을 수 있다.	사용자 본인의 투자 총액의 3배
VIP 4	팀 투자총액이 10만 USDT 이상이고 VIP 사용자가 2명 있어야 한다.	팀 펀드총액의 투자 수익 중 50%를 보상으로 받을 수 있다.	사용자 본인의 투자 총액의 4배
VIP 5	팀 투자총액이 30만 USDT 이상이고 VIP 사용자가 2명 있어야 한다.	팀 펀드총액의 투자 수익 중 60%를 보상으로 받을 수 있다.	사용자 본인의 투자 총액의 5배
VIP 6	팀 투자 총액이 100만 USDT 이상이고 VIP 사용자가 2명 있어야 한다.	팀 펀드총액의 투자 수익 중 70%를 보상으로 받을 수 있다.	사용자 본인의 투자 총액의 6배
VIP 7	팀 투자 총액이 300만 USDT 이상이고 VIP 사용자가 2명 있어야 한다.	팀 펀드총액의 투자 수익 중 80%를 보상으로 받을 수 있다.	사용자 본인의 투자 총액의 7배
VIP 8	팀 투자 총액이 1000만 USDT 이상이고 VIP 사용자가 2명 있어야 한다.	팀 펀드총액의 투자 수익 중 90%를 보상으로 받을 수 있다.	사용자 본인의 투자 총액의 8배
VIP 9	팀 투자총액이 3000만 USDT 이상이고 VIP 사용자가 2명 있어야 한다.	팀 펀드총액의 투자 수익 중 100%를 보상으로 받을 수 있다.	사용자 본인의 투자 총액의 9배

4-8. 2025년 발전 계획

■ 2025년 Q1 목표 및 운영 계획

• Aifeex는 아시아에 운영 센터를 설립하고 전 세계 사용자에게 다국어 서비스를 지원

• 전 세계 500개 이상의 홍보 미디어와 협력하여 Web3 미디어, 전통 금융 미디어, 지역 커뮤니티를 포함하는 홍보 매트릭스를 구축

• 전 세계 주요 도시의 공항 및 고속철도 광고를 커버

• 전 세계에서 35,000회의 Meetup 투어 이벤트를 시작

• 전 세계 1,000개의 커뮤니티 스튜디오를 초선하고, 20만 명의 잠재 사용자에게 확산. 초기 주요 시장은 동아시아, 동 남아시아, 중동, 아프리카, 북미, 남미

• 매월 전 세계에서 우수한 커뮤니티 대표를 초청하여 뉴욕 비즈니스 운영 센터를 방문하고 CEO와 원탁회의를 개최

■ 2025 Q2 목표 및 운영 계획

• 아프리카 운영 센터를 설립하여 아프리카 및 주변 시장에서의 현지화된 운영과 서비스 지원을 강화한다.

• 동남아시아, 인도, 방글라데시, 일본, 한국, 중국, 홍콩/마카오/타이완 등 지역 시장에서 글로벌 홍보 네트워크를 지속적으로 확장하여 사용자 규모를 확대한다.

- 사용자의 규모를 지속적으로 확장하고, 커뮤니티 운영의 심화를 추진하며, 사용자 활동도와 참여감을 향상시킨다.

- 100명 이상의 KOL과 전략적 파트너십을 체결하여 브랜드 인지도를 높이고, Aifeex 플랫폼의 전 세계 사용자 확장을 추진한다.

- 완벽한 커뮤니티 홍보 활동 및 마케팅 계획을 수립한다.

- 사용자를 200만 명으로 성장시키고, 최소 1,000개의 글로벌 커뮤니티 스튜디오 설립을 추진하여 플랫폼 사용자의 커뮤니티 참여를 심화시킨다.

■ 2025년 Q3 목표 및 운영 계획

- 남미 운영센터를 설립하고, 남미 및 카리브해 주변 시장을 확장한다.

- AI 스마트 에이전트 글로벌 정상 회담을 개최한다.

- AI 디지털 휴먼, AI 교육을 시작한다.

- 플랫폼의 AI 파생 서비스를 더욱 풍부하게 하여, 사용자에게 포괄적인 스마트 솔루션을 제공한다.

- 전 세계 2,000개 이상의 커뮤니티 스튜디오가 있으며, 500만 명의 사용자에게 영향을 미치고, 커뮤니티와 플랫폼의 깊은 결합을 촉진하며, 영향력은 전 세계 주요 도시로 확산된다.

- Aifeex는 자사 개발 대규모 모델을 기반으로 한 최초의 AI 교육

서비스를 제공하여 사 용자 충성도를 높인다.

- 초현실적인 AI 디지털 휴먼을 출시하여 사용자와의 상호작용을 통해 브랜드 친밀감을 강화한다.

- Takwin 계산 시스템의 API 기능을 더욱 확장하여 사용자에게 더 개인화된 투자 상품을 제공한다.

■ 2025년 Q4 목표 및 운영 계획

- 중동 운영 센터 설립을 추진하고, 아시아와 중동의 시장 점유율을 더욱 강화한다.

- 세계에서 가장 높은 수익을 창출하는 AI 금융 종합 플랫폼이 된다.

- 세계적으로 사용자 규모를 더욱 확장하고, 아시아, 오세아니아, 아프리카 등 신흥 시장을 집중적으로 발전시킨다.

- 플랫폼 사용자 수는 만 명에 달하고, AI 펀드 규모는 억 달러를 초과한다.

- 3,000개 이상의 고품질 글로벌 커뮤니티 작업실 운영 네트워크를 형성한다.

4-9. 2026년~2029년 운영 개발 계획 및 주요 이정표

2026	2027	2028	2029
AI 펀드 규모 500억 달러 초과	AI 펀드 규모 1,000억 달러 초과	AI 펀드 규모 2,000억 달러 초과	AI 펀드 규모 3,000억 달러 초과
사용자 규모는 2,000만 명을 초과	사용자 규모는 5,000만 명을 초과	사용자 규모는 1억 명을 초과	사용자 규모는 20억 명을 초과
AI 인공지능 글로벌 정상 회담 개최	유럽과 미국의 기술 금융 기업들과 학습 여행 개최	제3회 AI 인공지능 글로벌 정상 회담 개최	사용자는 150+개 이상의 국가와 지역 확산
2026년 월드컵 이벤트 스폰서	제2회 AI 인공지능 글로벌 정상 회담 개최	세계적인 이벤트 후원 확대	세계 최고의 30대 금융 그룹 진입
가장 큰 규모의 AI 금융 오픈 플랫폼이 되다	AGI 범용 인공지능 공동 연구 시작	AGI를 통한 의료 및 심리 건강 분야 지원	1,000개 이상의 기업 생태계 파트너

  사업에 참여하고자 하는 독자는 공저자들에게 메일 a01088081144a@gmail.com 또는 ahnchain@gmail.com으로 문의하면 된다.

공저자 약력

성명, 메일, 주요 활동 분야

대표 저자 안동수

- ahnchain@gmail.com
- 경영학 박사
- 사단법인 한국블록체인기업진흥협회 수석부회장
- 전) KBS 부사장
- 『PINOMICS』 대표저자
- 『따뜻한 자본주의 경영』 저자
- 『21세기 신뢰자본과 기업 경영』 저자
- 『인공지능 메타버스 시대 미래전략』 공저자
- 『AI 시대의 미디어』 공저자
- 『휴대폰 인류의 DeFi 혁명』 대표저자
- 『알기쉬운 비트코인 가상화폐』 대표저자
- 『디지로드 5.0』 저자

공저자 임송아

- lsongastar@naver.com
- 현) 슈퍼올 코리아 대표(CBDC 단말기 보급)
- 전) (주)한국신용정보 전문연구원
- 전) (주)바이오 포워드 대표
- 전) (주)미래테크인터내셔널 대표

공저자 정은숙

- dukim004@gmail.com
- 미라클 카드사업부대표
- 5차산업 글로벌 데이터자산 최고위 과정수료
- (주)데이터 자산통합플랫폼대표
- (주) 정환환경이앤지 대표

공저자 김재덕

- a01088081144a@gmail.com
- 장애인문화신문 발행인 겸 대표이사
- SCF CHANNEL KOREA 발행인 겸 대표이사
- 사물인터넷 디지털 마을 성공리 마을(NGO) 이장
- 국제언론인클럽 국제협력위원장
- 2018 평창동계올림픽 써포터즈 사무총장 겸 총괄본부장

지금은 블록체인 금융 전쟁 시대
코인경제, 웹3, & 내가 준비해야 할 일들

초판 인쇄 2025년 5월 23일
초판 발행 2025년 5월 29일

공저자 안동수, 임송아, 정은숙, 김재덕 공저
펴낸이 서영애

펴낸곳 대양미디어
주소 04559 서울시 중구 퇴계로45길 22-6, 602호
전화번호 (02)2276-0078
팩스번호 (02)2267-7888
이메일 dymedia@hanmail.net

값 22,000원
ISBN 979-11-6072-147-8 03320